汽车**维护保养**
一本通（全彩图解）

陈甲仕　主编

化学工业出版社

·北京·

内容简介

本书针对汽车维护从业人员实际操作项目编写而成，重点介绍了汽车维护的基础知识和操作技能，内容由浅入深，涵盖了汽车维护必会的项目，贴近实际工作场景。本书选取了大量的实物图，易学实用，通俗易懂。

本书可供从事汽车维护作业的广大读者学习使用，也可作为相关汽车院校师生进行操作培训的辅导用书。

图书在版编目（CIP）数据

汽车维护保养一本通：全彩图解/陈甲仕主编. —北京：化学工业出版社，2023.1
ISBN 978-7-122-42517-1

Ⅰ.①汽…　Ⅱ.①陈…　Ⅲ.①汽车-车辆修理-图解②汽车-车辆保养-图解　Ⅳ.①U472-64

中国版本图书馆CIP数据核字（2022）第208150号

责任编辑：陈景薇　　　　　　　　　　　　文字编辑：冯国庆
责任校对：张茜越　　　　　　　　　　　　装帧设计：韩　飞

出版发行：化学工业出版社（北京市东城区青年湖南街13号　邮政编码100011）
印　　装：河北鑫兆源印刷有限公司
710mm×1000mm　1/16　印张10　字数141千字　2023年4月北京第1版第1次印刷

购书咨询：010-64518888　　　　　　　　售后服务：010-64518899
网　　址：http://www.cip.com.cn
凡购买本书，如有缺损质量问题，本社销售中心负责调换。

定　价：68.00元

 前　言

随着我国汽车工业的迅猛发展，汽车维护服务行业前景广阔，市场需求越来越大。为此，我们从初学者的角度出发，根据实际的岗位要求，特意编写了本书来满足大家的学习需求。

本书系统全面地介绍了汽车维护知识，是一本适合与汽车维护保养相关的从业者或职业学校师生的操作指导用书，内容涵盖汽车维护必会的项目。全书分四章共十九个项目进行阐述，主要覆盖了汽车维护基础知识、汽车常规维护、汽车季节性维护、汽车专业性维护等内容，重点介绍了汽车维护的操作技巧和要领。

本书在编写过程中以行业规范为基础，注重理论知识和实操性相结合，充分发挥彩色图解的特色，以全程图解的形式将汽车维护内容呈现给读者。本书图文相结合，真正做到通俗易懂，让读者易学实用，且能学以致用，可供从事汽车维护作业的广大读者学习使用，也可作为相关汽车院校师生进行操作培训的辅导用书。

本书由陈甲仕主编，参加编写的人员还有朱其福、陈柳、黄容。在本书编写过程中，得到了许多汽车快修连锁店以及汽车4S店的大力支持和协助，并参阅了大量的相关资料，在此表示诚挚的感谢！

由于笔者水平有限，书中难免有疏漏之处，恳请广大读者批评指正，以便再版时补充完善。

编者

目 录

| 第一章 |

汽车维护基础知识

汽车维护工具与设备

◆ 一、汽车维护工具 ◆

1.汽车维护常用工具

1 　手锤　手锤（图1-1）由锤头和手柄组成。锤头形状有圆头和方头。手柄用硬杂木制成，长一般为350mm左右。

图1-1　手锤

2 　螺钉旋具　螺钉旋具主要用于旋拧头部开有凹槽的螺栓和螺钉。选用螺钉旋具时，应先保证螺钉旋具头部的尺寸与螺钉的槽部形状完全配合，选用不当会严重损坏螺钉。常用的有一字螺钉旋具和十字螺钉旋具，并且还有长短不同型号，如图1-2所示。一字螺钉旋具用于带单个槽头的螺钉，十字螺钉旋具用于带十字槽头的螺钉。

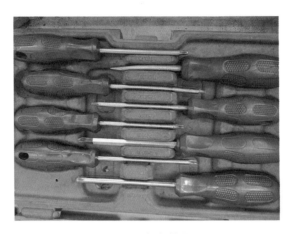

图1-2　螺钉旋具

3　**钳子**　钳子用于夹持扁形或圆形零部件，切断软的金属丝等。应根据所要达到的不同目的来选用不同种类的钳子，常用的钳子有钢丝钳、鲤鱼钳、斜口钳、尖嘴钳、剥线钳、大力钳等。

1）钢丝钳　钢丝钳（图1-3）主要用于夹持各种零件，根部的刃口可用来切割细导线。使用钢丝钳时，用手握住钳柄后端，使钳口开闭。当用钢丝钳切断较硬的钢丝等物体时，禁止使用锤子击打钢丝钳。

图1-3　钢丝钳

2）鲤鱼钳　鲤鱼钳（图1-4）的手柄一般较长，可通过改变支点上槽孔的位置来调节钳口张开的程度。在用鲤鱼钳夹持零件前，必须用防护布或其他防护罩遮盖易损坏件，防止锯齿状钳口对易损件造成损坏。

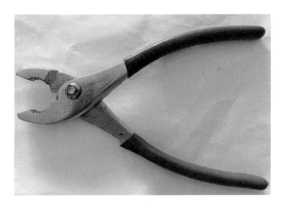

图1-4　鲤鱼钳

3）斜口钳　斜口钳（图1-5）可以剪切钢丝钳和尖嘴钳不能剪切的细导线或线束中的导线。使用时用右手操作斜口钳，将钳口朝向内侧，然后用小指伸在两钳柄中间来抵住钳柄，张开钳头，这样分开钳柄灵活，剪切方便。严禁用斜口钳切割硬的或粗的金属丝，否则会损坏钳口。

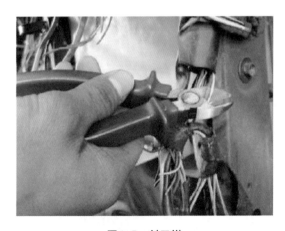

图1-5　斜口钳

4）尖嘴钳　尖嘴钳（图1-6）用于在狭小地方夹持零件。使用时握住尖嘴钳的两个手柄，可夹持或剪切。严禁对尖嘴钳的钳头部施加过大的压力，以免损坏尖嘴钳。

5）剥线钳　剥线钳（图1-7）是汽车电工用来剥除导线表面绝缘层的专用工具。根据导线的粗细型号选择相应的剥线刀口，然后将准备好的导线放在剥线钳的刀刃中间，选择好要剥线的长度，最后用力将绝缘层剥离。

图1-6 尖嘴钳

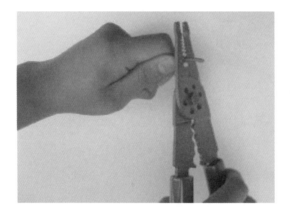

图1-7 剥线钳

6）大力钳 大力钳（图1-8）能以较大的夹紧力夹持工件。

图1-8 大力钳

4 扳手　扳手是汽车修理中最常用的一种工具，主要用于扭转螺栓、螺母或带有螺纹的零件。扳手种类繁多，常见的有开口扳手、梅花扳手、活动扳手、扭力扳手等。

1）开口扳手　开口扳手两头均为U形的钳口，它由一套尺寸不同的钳口组成（图1-9），适用于拆装标准规格的螺栓和螺母。

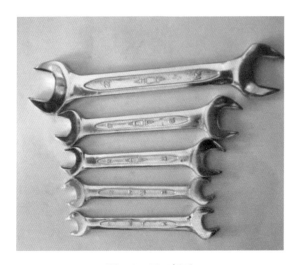

图1-9　开口扳手

2）梅花扳手　梅花扳手的工作部位呈花环状（图1-10），套住螺母扳转可使六角受力均匀。对标准规格的螺栓和螺母均可使用梅花扳手拆装，特别是螺栓和螺母需用较大力矩拆装时，应使用梅花扳手。

图1-10　梅花扳手

3）活动扳手 活动扳手有大、中、小3种，如图1-11所示。它由固定和可调两部分组成，它能在一定范围内任意调节开口尺寸。活动扳手一般用于不同尺寸的螺栓和螺母的拆装。

图1-11 活动扳手

4）扭力扳手 如图1-12所示，扭力扳手有预调式和指针式2种形式。一般用于有规定拧紧力矩的螺栓和螺母的拆装，如气缸盖、曲轴主轴承盖、连杆盖等部位的螺栓和螺母。

图1-12 扭力扳手

5）内六角扳手 拆卸内六角和花形内六角螺栓时，除旋具套筒头外，还可以使用专用内六角和花形内六角扳手（图1-13），此类扳手多为L形。

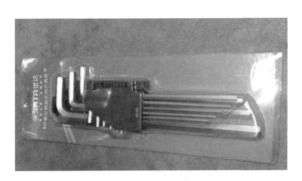

图1-13　内六角扳手

6）套筒扳手　如图1-14所示，目前市场上常见的套装内有13件、17件、24件三种类型规格，适用于拆装某些螺栓和螺母由于位置所限而普通扳手不能工作的地方。拆装螺栓和螺母时，可根据需要选用不同的套筒和手柄。

图1-14　套筒扳手

7）梅花棘轮扳手　梅花棘轮扳手（图1-15）是普通梅花扳手的改进产品，它在梅花扳手的花环部增加了棘轮装置。

8）气动扳手　气动扳手（图1-16）是汽修厂最为常见的气动工具，俗称"风炮"。气动扳手以压缩空气作为动力源，压缩空气进入气动扳手之后带动里面的叶轮转动而产生旋转动力，同时叶轮再带动相连接的传动装置进行类似捶打的运动。在每一次高速旋转之后，把螺栓拧紧或者卸下来。

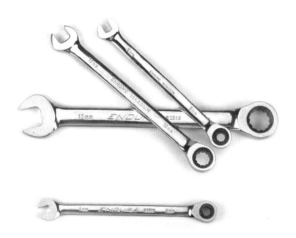

图1-15 梅花棘轮扳手

图1-16 气动扳手

2.汽车维护专用工具

1 火花塞套筒 火花塞套筒（图1-17）属于薄壁长套筒，一般有14mm和16mm两种规格，为火花塞的专用拆装工具。火花塞套筒内部装有磁铁或橡胶圈，可有效防止火花塞掉落。使用时，应根据火花塞的装配位置和火花塞六角的尺寸选用不同高度和径向尺寸的火花塞套筒。

图1-17　火花塞套筒

2 机油滤清器专用工具　机油滤清器扳手的类型很多，结构各异，但使用操作方法基本相似，它主要有杯式、钳式、环形式、三爪式等。如图1-18所示，使用最多的是杯式机油滤清器扳手，因为它可以和机油滤清器无缝相扣，对机油滤清器没有损坏。不同车型应配用相对应规格的机油滤清器扳手。

图1-18　机油滤清器专用工具

3 制动器压缩工具　制动器压缩工具是使制动轮缸复位的专用工具，它的类型很多，结构各异，但操作方法也基本相似。如

图1-19所示，使用时将制动器压缩工具放入制动钳之间，然后
按压手柄压缩制动轮缸活塞使其复位。

图1-19 制动器压缩工具

4 减振器弹簧拆装器 减振器弹簧拆装器的主要作用是压缩弹簧，
便于拆装减振器。如图1-20所示，使用时将减振器总成装在减
振器弹簧拆装器上面，转动手柄将弹簧压缩，压缩后可以将减
振器拆除或更换。

图1-20 减振器弹簧拆装器

5 拉马 拉马（图1-21）也称拉拔器，主要用于汽车维修中轴承部位的拆装，常见的拉马有两爪和三爪2种类型。使用时，拉臂能抓住所要拆卸的部件，使用扳手旋进中心螺杆，随着中心螺杆的旋入，拉臂上会产生很大的拉力，直到把部件拆下。

图1-21　拉马

6 燃油泵锁紧盖拆装器 燃油泵锁紧盖拆装器（图1-22）能够方便地拆装燃油泵锁紧盖，并且不易损伤锁紧盖。使用时，将燃油泵锁紧盖拆装器完全放入燃油泵锁紧盖内，然后调整棘轮扳手，根据需要拧紧或拧松燃油泵锁紧盖。

图1-22　燃油泵锁紧盖拆装器

7 千斤顶　千斤顶（图1-23）包括螺旋千斤顶、液压千斤顶和液压举升器等。汽车常用液压千斤顶规格有3t、5t、8t等。液压千斤顶用于举升汽车及其他重物，它由顶块、螺旋杆、储油筒、油缸、摇动手柄、压油柱塞、柱塞筒、进出油阀、油阀、螺塞和壳体等组成。使用千斤顶的注意事项如下。

图1-23　千斤顶

① 在平坦的地面进行作业，且始终使用车轮挡块。

② 如图1-24所示，用千斤顶和安全支架准确地支撑住指定部位。

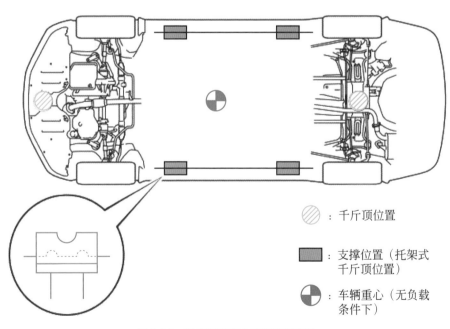

⬚ ：千斤顶位置

▬ ：支撑位置（托架式千斤顶位置）

◕ ：车辆重心（无负载条件下）

图1-24　千斤顶和安全支架支撑部位

③ 当支起前轮时，松开驻车制动器，只将车轮挡块置于后轮后方。当支起后轮时，只将车轮挡块置于前轮前方。

④ 不要仅用千斤顶支撑汽车进行作业，必须确保汽车由安全支架支撑。

⑤ 如图1-25所示，使用带橡胶附件的安全支架。

橡胶附件

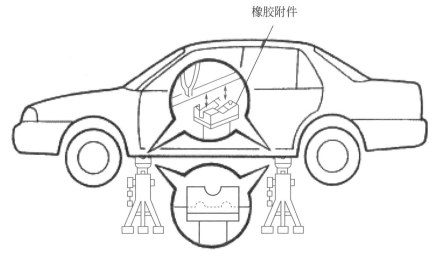

图1-25　带橡胶附件的安全支架

⑥ 当仅支起前轮或后轮时，将车轮挡块置于接地车轮的前后。

⑦ 降下只顶起前轮的汽车时，松开驻车制动器，并将车轮挡块置于后轮前方。降下只顶起后轮的汽车时，将车轮挡块置于前轮后方。

3.蓄电池检测仪

蓄电池测试仪（图1-26）可以对单节电池的性能进行测试，也可以对成组使用的电池进行整体测试。通过交流注入法精确测量蓄电池的端电压和内阻值来判断蓄电池的容量及技术状态。

4.制动液检测仪

制动液检测仪（图1-27）是一款通过检测制动液中的含水量来判断制动液是否需要更换的手持汽车检测设备，可以用来检测制动液DOT3、DOT4、DOT5.1。

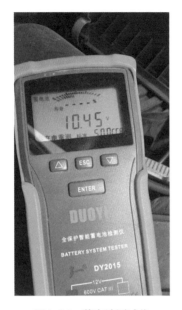

图1-26 蓄电池测试仪

图1-27 制动液检测仪

5.空调歧管压力表

空调歧管压力表（图1-28）是维修汽车空调制冷系统必不可少的重要工具，它与制冷系统相接可进行抽真空、加制冷剂和诊断制冷系统故障。空调歧管压力表有多种用途，它可以用来检测空调系统压力、向空调系统充注制冷剂、抽真空、加注冷冻机油等。

图1-28 空调歧管压力表

6. 汽车故障诊断仪

汽车故障诊断仪（图1-29）用于汽车故障的诊断，维修人员可以利用它迅速地读取汽车电控系统中的故障，并通过显示屏显示故障信息，迅速查明发生故障的部位及原因。

图1-29　汽车故障诊断仪

7. 12V整体式高率放电计

12V整体式高率放电计（图1-30）是指能检测12V蓄电池电压的普通高率放电计，它能检测出蓄电池的放电情况。

图1-30　12V整体式高率放电计

二、汽车维护设备

1.扒胎机

扒胎机也叫轮胎拆装机（图1-31），它是在轮胎更换时进行辅助拆卸、安装的工具。扒胎机有气动式和液压式2种，最常用的是气动式。

图1-31　扒胎机

2.车轮动平衡机

车轮动平衡机（图1-32）的作用是使车轮在动态情况下检查车轮的平衡情况，然后通过增加平衡块的方法来校正车轮各边缘的不平衡位置。车轮动平衡机主要由机架、夹持盘、转动装置和检测系统等组成。

3.四轮定位仪

四轮定位仪（图1-33）是用于检测汽车四轮主要参数并进行调整的仪器。它主要是将所量到的汽车车轮定位参数与原厂设计参数进行对比，判

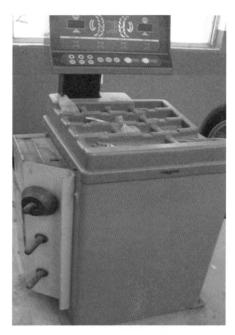

图1-32　车轮动平衡机

图1-33　四轮定位仪

断其是否符合原厂设计要求，使汽车操纵轻便、行驶稳定可靠，减少轮胎偏磨损等。其基本结构包括四轮定位仪主机（计算机、显示器、打印机）、传感器、通信线（无线型号发生器）、夹具、转向盘、转向盘固定架、制动踏板固定架等。

4.车辆举升机

举升机主要用于汽车维修过程中举升汽车，汽车开到举升机工位，通过人工操作可使汽车举升一定的高度，便于汽车维修。举升机在汽车维修养护中发挥着非常重要的作用，它是汽车维修厂的必备设备。举升机分为平板式举升机和摆臂式举升机，具体操作方法如下。

1　平板式举升机

① 遵照平板式举升机的使用说明进行安全操作。

② 使用带橡胶缓冲垫的附件。

③ 确保将汽车设置在规定位置。

a.左右固定位置：将汽车停放在平板式举升机的中心位置。

b.前后固定位置：如图1-34所示，将平板的橡胶缓冲垫端部与支承块下端（A和C）对准；将附件上端（B）与摇臂凸缘前侧缺口处对准。

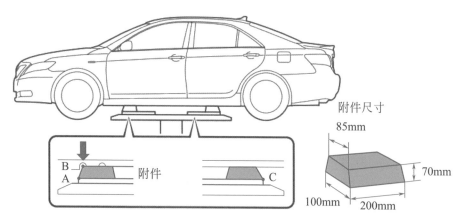

（a）示意图

（b）实物图

图1-34 平板式举升机

2 摆臂式举升机

① 遵照摆臂式举升机的使用说明进行安全操作。

② 如图1-35所示，使用带橡胶附件的底座。

③ 使用摆臂式举升机时，举升机中心必须与汽车重心尽可能接近。

④ 调节底座的高度，使汽车水平停放，并将底座槽对准安全支架的支撑位置。

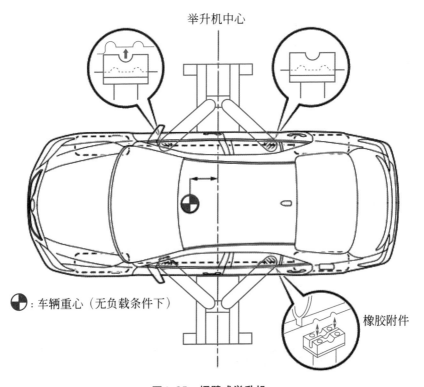

举升机中心

车辆重心（无负载条件下）

橡胶附件

图1-35 摆臂式举升机

⑤ 务必在操作时锁定摆臂。

⑥ 将汽车举升离地，轻微摇动汽车，确认其稳定后再举升。

⑦ 当汽车升至所需的高度时，松开上升按钮即可停止上升，然后锁止保险钩，在确保安全的前提下方可在车底下进行作业。

⑧ 降下汽车前应先举升汽车，将保险钩打开，再按下降按钮使汽车缓慢下降至最低为止，移开摆臂，最后驶出摆臂式举升机工位并将工作的工位清洁干净。

5.汽车燃烧室泡沫除碳专用设备

汽车燃烧室泡沫除碳专用设备（图1-36）的基本结构包括调压阀、转换阀、压力表、清洗液加注口、储液罐等，用于清洗发动机燃烧室。清洗后的汽车动力提高，启动顺畅，加速轻快，油耗降低，尾气排放降低，发动机性能恢复如新。

图1-36　汽车燃烧室泡沫除碳专用设备

熟悉汽车维护

一、汽车维护目的与类型

1.汽车维护目的

在汽车的技术状况完好或基本完好的情况下，为了延长汽车的使用寿命，并使之经常处于良好的技术状态，而对汽车所采取的一系列技术措施，称为汽车维护或保养，如图1-37所示。其目的是保持车辆技术状况良好、确保行车安全、充分发挥汽车的使用效能和降低运行消耗，以取得良好的经济、环境和社会效益。

图1-37　汽车维护

2.汽车维护类型

根据汽车的新旧程度以及使用地区条件，对汽车维护的作业项目也不同。根据《汽车维护、检测、诊断技术规范》（GB/T 18344—2016），汽车维护分为日常维护、一级维护和二级维护。

在汽车的实际使用过程中，日常维护、一级维护、二级维护和三级维护通常称为常规维护，而季节性维护和深度维护通常称为按需维护。

二、汽车维护基本操作提示与安全注意事项

1.汽车维护基本操作提示

进行汽车维护操作时，应当按照汽车维护基本操作提示进行，如图1-38和表1-1所示。

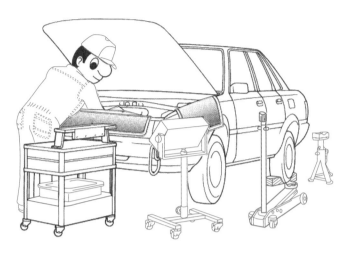

图1-38 汽车维护基本操作提示

表1-1 汽车维护基本操作提示说明

项目	要求
着装	（1）应穿干净的工作服 （2）应戴好安全帽及穿好安全鞋
车辆保护	在开始操作之前，准备好中网护垫、翼子板布、座椅罩和地板垫
安全操作	（1）2名或2名以上工作人员一起操作时，必须互相检查安全性 （2）发动机在运转的状态下工作时，车间内必须有排放废气烟雾的通风装置 （3）如果在高温高压环境下工作，或对旋转、移动、震动的零件进行操作时，一定要佩戴必要的防护装备，更应注意不要碰伤自己或他人 （4）当用千斤顶顶起车辆时，必须用安全支架支撑起指定部位 （5）使用适当的安全设备举升车辆
准备工具和测量仪表	开始操作前，准备工具支架、测量仪表、机油和更换用零件
拆卸和安装、拆解和装配操作	（1）在充分了解正确的维护步骤和反映的故障后进行诊断 （2）拆卸零件前，检查总成的总体情况、变形及损坏情况 （3）当总成构造复杂时，须做好记录，如记录所有电气接头、螺栓的总数，或拆卸下来的软管总数。加上配合标记，以便把组件重新装配至原位，如有需要，可暂时标记软管及其接头 （4）必要时，应清洗拆卸下来的零件，彻底检查没有问题后再进行安装

续表

项目	要求
拆卸下来的零件	（1）应将拆卸下来的零件放置在一个单独的盒子中，避免和新零件混淆或弄脏新零件 （2）对于不可重复使用的零件（如垫片、O形圈和自锁螺母等），应按照规定对其进行更换 （3）如客户要求，应保留拆卸下来的零件以备客户检查

2.汽车维护安全注意事项

① 车间内禁止明火，易燃品及腐蚀性物品要正确存放，明确灭火器的存放位置（图1-39）及正确的使用方法。

图1-39　灭火器的存放位置

图1-40　拆装蓄电池负极

② 如图1-40所示，拆装蓄电池时，拔出点火钥匙，先拆负极再拆正极；安装时先装正极后装负极，注意保存汽车电脑设置的存储记忆。

③ 工作地面不得有油污、水等液体，以免造成人员工作时滑倒受伤。

④ 衣服内不得装尖锐的工具，以免扎伤自己及刮花车身漆面，也不要放在车内座椅上，避免刺伤人或刺破座椅。

⑤ 不允许冲洗正在运转的发动机及线路电子元件，以免发动机损坏或线路短路引起火灾。

⑥ 当进行燃油系统作业时，拆卸管路前需先泄压，防止汽油喷洒到可能引起火灾的热源上及

身上。

⑦ 发动机冷却液温度较高时禁止直接打开散热器盖，以免喷出的冷却液造成人员烫伤。

⑧ 制动液不允许洒在车身漆面或轮胎等橡胶件上，溅到皮肤上要及时清洗干净。

⑨ 应严格按照厂家的要求使用专用工具。

⑩ 外出试车必须要安全驾驶。

三、发动机舱维护

1.检查发动机及其他部件是否有液体泄漏

1 冷却系统的泄漏点检查（图1-41）

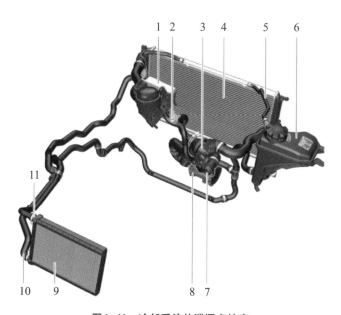

图1-41　冷却系统的泄漏点检查

1—发动机油/冷却液热交换器；2—发动机回流管路短路循环；3—特性曲线式节温器；
4—冷却液散热器；5—通风管路；6—冷却液储液罐；7—发动机供给管路；8—电动冷却液泵；
9—暖风热交换器；10—暖风热交换器供给管路；11—暖风热交换器回流管路

① 散热器进出水管处。

② 冷却液温度传感器处。

③ 水泵进出水管处。

④ 冷却液储液罐水管处等。

2 燃油系统的泄漏点检查（图1-42）

① 发动机舱内燃油管接口处。

② 高压油泵及油轨。

③ 油压传感器及连接处等。

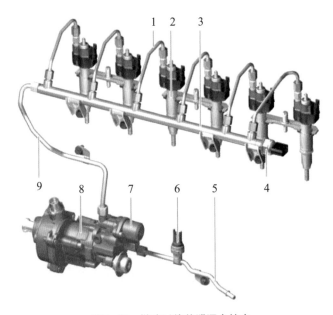

图1-42　燃油系统的泄漏点检查

1—高压管路（共轨-燃油喷油器）；2—压电喷油器；3—共轨（油轨）；4—高压传感器；
5—供给管路（来自燃油箱）；6—低压传感器；7—燃油量控制阀；
8—三活塞式高压泵；9—高压管路（泵-共轨）

3 润滑系统的泄漏点检查（图1-43）

① 机油滤清器密封圈处。

② 机油尺座处。

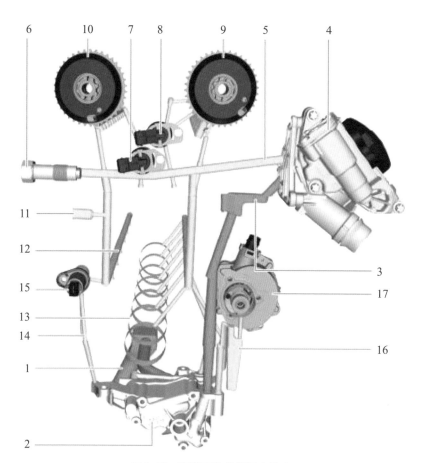

图1-43　润滑系统的泄漏点检查

1—抽吸管；2—机油泵；3—未过滤机油通道；4—机油滤清器；5—主机油通道（洁净机油通道）；
6—链条张紧器；7—排气侧VANOS电磁阀；8—进气侧VANOS电磁阀；
9—进气侧VANOS（可变凸轮轴正时控制系统）调节单元；10—排气侧VANOS调节单元；
11—用于废气涡轮增压器润滑的接口；12—机油喷嘴接口；13—曲轴轴承；
14—用于机油压力调节的机油通道；15—机油压力调节阀；
16—用于真空泵润滑的机油通道；17—真空泵

③ 曲轴箱通风管接口处。

④ 油底壳螺栓处。

⑤ 气缸体及气缸盖处等。

4　制动系统的泄漏点检查（图1-44）

① 制动液储液罐与制动总泵连接处。

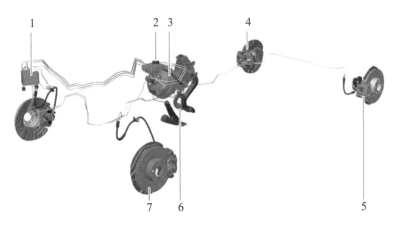

图1-44　制动系统的泄漏点检查

1—ABS泵；2—制动液储液罐；3—制动真空助力器；4—电动机械式驻车制动器执行机构；
5—制动钳；6—制动踏板；7—制动盘

② ABS泵与油管连接处。

③ 制动轮缸及管路连接处等。

5 转向系统的泄漏点检查（图1-45）

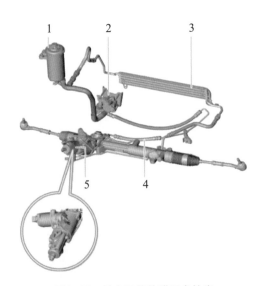

图1-45　转向系统的泄漏点检查

1—转向助力储油罐；2—转向助力泵；3—转向助力系统液压油冷却器；
4—液压软管；5—带执行单元的转向器

① 转向助力泵油管及油封。

② 油压开关。

③ 转向助力储油罐及液压软管等。

6 风窗洗涤液的泄漏点检查（图1-46）

① 管路连接处。

② 洗涤泵（或称喷水电机）附近。

③ 储液罐等。

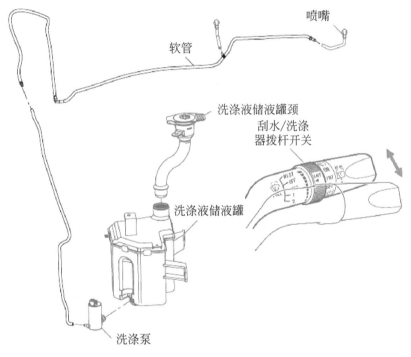

图1-46　风窗洗涤液的泄漏点检查

7 空调系统的泄漏点检查（图1-47）

① 空调压缩机及其连接部件。

② 压力开关连接处。

③ 膨胀阀连接处。

④ 冷凝器、蒸发器与管路连接处等。

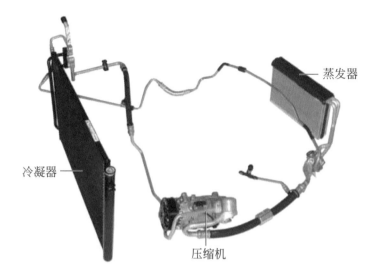

蒸发器

冷凝器

压缩机

图1-47　空调系统的泄漏点检查

2.检查蓄电池固定情况和蓄电池的技术状况

① 检查蓄电池安装是否牢固。

② 如图1-48所示，目视检查蓄电池端子接线柱固定螺栓是否松动，是否出现桩头氧化物，如有异常应及时紧固或将氧化物清除。

③ 检查蓄电池外部四周是否有电解液泄漏，如果有电解液泄漏，则应更换蓄电池。

图1-48　目视检查蓄电池

1—安全型蓄电池接线柱；2—智能型蓄电池传感器

④ 观察蓄电池指示器，判断蓄电池的技术状况，当蓄电池呈现出绿色时，表明蓄电池正常；当蓄电池呈现出黑色时，表明蓄电池需要补充充电；当蓄电池呈现无色透明或浅黄色时，表明蓄电池内部有故障，应更换蓄电池。

⑤ 使用蓄电池检测仪检测蓄电池的技术状况。

3.检查制动液液位及制动系统密封性

1 检查制动液液位　　如图1-49所示，目视检查制动液液位，如果制动液液位不足，必须确保制动系统无泄漏后，添加原厂制动液至标准液位。

图1-49　目视检查制动液液位

2 检查制动系统是否泄漏

① 检查制动液储液罐处是否泄漏。

② 检查储液罐与总泵连接处是否泄漏。

③ 检查制动总泵上的管路接头处是否泄漏。

④ 检查离合器总泵管路与储液罐连接处是否泄漏等。

4.检查风窗清洗系统的技术状况

1 检查风窗清洗液位高度

① 打开风窗清洗液储液罐（图1-50）的盖子，目测风窗清洗液液面高度。

图1-50 风窗清洗液储液罐

② 如果看不到液位，则应加注原厂风窗清洗液至储液罐灌口附近指定位置。

③ 盖好储液罐盖子。

2 检查风窗清洗器的工作情况 操作风窗清洗开关，检查风窗清洗系统工作是否正常。

5.检查冷却液液面高度及浓度

1 冷却液液面高度的检查

① 必须在发动机冷机时检查冷却液液面高度，如图1-51所示。

② 标准冷却液液位处于MAX与MIN之间。

③ 冷却液液面过低时，应补充加注冷却液。

图1-51 检查冷却液液面高度

2 冷却液浓度检查

① 如图1-52所示，用吸管吸取一滴冷却液滴在棱镜表面上。

② 合上盖板轻轻按压，将目镜朝向明亮处。

③ 读取刻度尺上的数值并记录冷却液浓度值。

④ 用软布擦拭干净棱镜，放回包装盒，测试完成。

图1-52 冷却液浓度检查

6.更换发动机机油及机油滤清器

1 更换发动机机油

① 打开机油加注口盖。

② 安全地举升车辆，拆卸放油螺栓排放机油，如图1-53所示。

③ 待发动机内机油全部放干净后，再安装好油底壳放油螺栓，并按照规定力矩拧紧。

图1-53 排放机油

④ 降下车辆，按照加注标准加注新的机油。

⑤ 拧紧加油口盖，启动发动机后运转2min，再关闭发动机等待3min。

⑥ 检查发动机机油油位，确保机油油位处于MAX与MIN之间。

2 更换机油滤清器

① 用机油滤清器扳手将旧机油滤清器拧松，等待几分钟后拆下，如图1-54所示。

图1-54　拆卸机油滤清器

② 清洁机油滤清器的密封面。

③ 如图1-55所示，将新的机油滤清器上的橡胶密封圈用机油润滑一下，以便拧紧时密封环吸附到滤清器上，使密封性更好。

图1-55　新的机油滤清器

④ 先用手将机油滤清器安装在机油滤清器支架上并用手预拧紧，然后用机油滤清器扳手按照标准力矩拧紧。

7.空气滤清器的维护

① 拆下空气滤清器壳体。

② 取出空气滤清器。

③ 用潮湿的抹布清除壳体内的灰尘及杂质。

④ 用压缩空气将空气滤清器的灰尘吹干净。

⑤ 如图1-56所示，将空气滤清器壳体安装牢固。

图1-56 安装空气滤清器壳体

8.检查火花塞的技术状态

① 关闭点火开关。

② 拆卸发动机上的护罩。

③ 拔下点火线圈插头。

④ 拆下点火线圈。

⑤ 如图1-57所示，使用火花塞套筒拆下火花塞并取出。

⑥ 检查火花塞燃烧状态，看其是否烧蚀，必要时更换新的火花塞。

⑦ 使用火花塞套筒安装新的火花塞。

⑧ 使用扭力扳手按照规定力矩拧紧火花塞。

⑨ 安装点火线圈，连接插头。

图1-57　拆下火花塞

⑩ 启动发动机，观察发动机运转情况。

⑪ 关闭发动机，安装发动机上护罩。

9.发动机燃烧室和进气道的检查与维护

1 发动机燃烧室和进气道的检查　使用内窥镜检查发动机燃烧室和进气道的积炭，检查时主要是从喷油器孔或火花塞孔处插入内窥镜视频管，内窥镜视频管可任意调整，通过液晶显示器可以观察到发动机燃烧室或进气门后方是否附有积炭。

① 拆卸发动机火花塞。

② 从火花塞孔处插入内窥镜视频管。

③ 如图1-58所示，调整内窥镜视频管位置，观察进气门及发动机内部的积炭情况，可以通过液晶显示器显示发动机进气门及燃烧室的积炭。

图1-58　检查发动机燃烧室和进气道

2 发动机燃烧室和进气道的维护

1）节气门体的清洗

① 从发动机上拆下节气门体，操作过程最好戴手套，避免弄伤手。

注意：拆卸节气门体之前，确保发动机处于冷态，避免操作时烫伤手。

② 在节气门上喷上化油器清洗剂，然后进行小心刷洗，直到节气门的积炭及脏污去除为止（图1-59）。条件允许的情况下，建议使用刷子进行刷洗，这样清洗更加彻底干净。

图1-59 清洗节气门体

③ 再次使用抹布擦拭干净节气门，然后按照相反的顺序安装上节气门体，如有必要应使用检测仪对节气门体进行匹配。

2）喷油器的清洗

① 从发动机上拆下喷油器导轨总成，然后将喷油器（图1-60）从喷油器导轨上拆下。

图1-60 喷油器

② 检查喷油器上是否有积炭，如果有，可以使用化油器清洗剂将喷油器外表面的积炭喷洗干净。

③ 用压缩风枪将喷油器吹干净。

④ 使用压缩风枪将喷油器导轨吹干净，然后按与拆卸相反的顺序将喷油器安装到喷油器导轨上，最后将喷油器导轨总成安装到发动机上。

3）燃油添加剂清洗

① 在加油前，将一整瓶燃油添加剂加入燃油箱中，如图1-61所示。

② 在用完该箱汽油前，不要再加入汽油或者燃油添加剂。

图1-61 燃油添加剂加入燃油箱中

③ 按照上述方法连续使用2～3瓶燃油添加剂，在清除积炭、动力恢复、油耗下降后，建议每隔1箱汽油使用1瓶燃油添加剂。

10.检查传动带及传动机构的技术状态

① 关闭发动机，用套筒扳手转动曲轴的带轮。

② 观察多楔传动带表面是否有层离。

③ 检查多楔传动带表面是否有裂纹、中心断裂、截面断裂。

④ 用手逆时针翻转多楔传动带，检查齿面是否磨损（检查是否有材料腐蚀、齿面散开、齿面硬化、玻璃状齿面、表面裂纹情况等）。

⑤ 检查多楔传动带是否有机油和油脂痕迹。

⑥ 检查多楔传动带多楔槽、多楔带轮槽内部是否有异物，若有则清除。

⑦ 若有多楔传动带状态不符合要求，则应更换多楔传动带。

⑧ 如图1-62所示，检查传动带的传动机构是否正常，如果有异常，则更换损坏的部件。

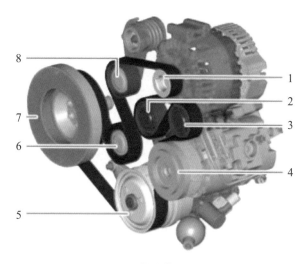

图1-62 传动带传动机构

1—发电机带轮；2, 3, 6—导向轮；4—空调压缩机带轮；5—转向助力泵带轮；
7—带传动带轮的扭转减振器；8—传动带张紧器

注意：定期检查多楔传动带运行情况及老化状态，提前排除故障隐患，避免发生因传动带突然断裂导致发电机、空调等部件不能正常工作的情况。

11. 检查发动机正时带（或链条）

① 检查正时带（或链条）及其张紧轮和惰轮的技术状况，正时链条传动装置如图1-63所示。

② 首次在车辆行驶100000km时进行检查，之后每行驶30000km检查一次，必要时进行更换。

③ 每行驶200000km必须更换。

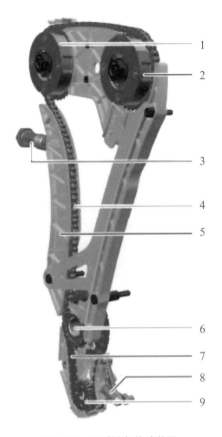

图1-63　正时链条传动装置

1—排气VANOS；2—进气VANOS；3—链条张紧器；4—初级链条；5—张紧导轨；
6—链轮（通过曲轴驱动）；7—次级链条（齿形链）；8—链条张紧器；9—平衡轴和机油泵传动链轮

◆ 四、车室维护 ◆

1.检查车内所有开关、车内照明、电器、显示器和仪表各警告灯的功能

1　检查左前门所有开关

① 车门开启拉手。

② 中央门锁按钮。

③ 车外后视镜调整开关。

④ 发动机舱盖锁开启手柄。

⑤ 后备厢盖锁开启按钮。

⑥ 车门开启警示/照地灯。

⑦ 电动门窗操作按钮（图1-64）。

图1-64　电动门窗操作按钮

2　检查转向柱上所有开关及仪表板上部分开关

① 车灯开关（图1-65）。

② 用于操控相关装置的操纵杆。

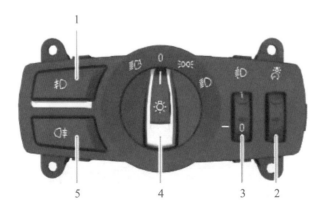

图1-65　车灯开关

1—前雾灯；2—仪表照明滚花轮；3—照明距离调节滚花轮；4—车灯开关；5—后雾灯

③ 多功能转向盘上的操作元件（图1-66）。

④ 组合仪表以及各警告灯（图1-67）。

⑤ 仪表和开关照明亮度调节旋钮。

⑥ 前照灯照明范围调整旋钮。

⑦ 巡航控制系统开关。

⑧ 喇叭按钮。

⑨ 可调式转向柱调整手柄（图1-68）。

图1-66　多功能转向盘上的操作元件

图1-67　组合仪表以及各警告灯

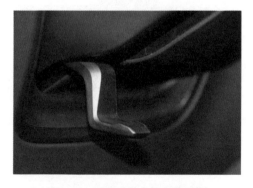

图1-68　可调式转向柱调整手柄

⑩ 踏板（包括加速踏板、制动踏板、离合器踏板）。

⑪ 点火开关。

⑫ 风窗刮水器和清洗器操纵杆（图1-69）。

图1-69 风窗刮水器和清洗器操纵杆

3 检查中控台上所有开关、所有警告灯及仪表板上部分开关

① 变速杆、控制器、驻车距离监控系统、倒车摄像机、驾驶体验开关、动态稳定控制系统等操作元件（图1-70）。

② 收音机或导航系统。

③ 危险警告灯按钮（图1-71）。

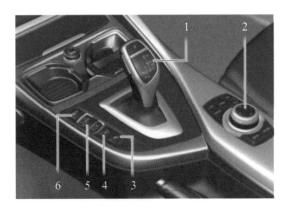

图1-70 中控台上部分操作元件

1—变速杆；2—控制器；3—驻车距离监控系统；4—倒车摄像机；
5—驾驶体验开关；6—动态稳定控制系统

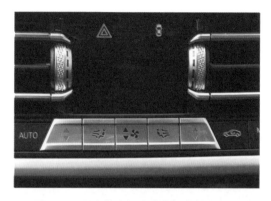

图1-71　所有警告灯及仪表板上部分开关

④ 空调系统按钮等。

4　检查其他开关

① 顶棚上所有开关（图1-72）。

② 右前门所有开关。

③ 后排所有开关。

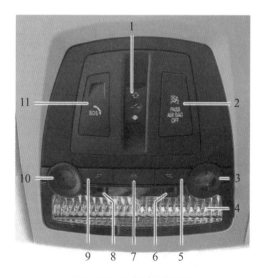

图1-72　顶棚上的开关

1—玻璃天窗开关；2—前乘客安全气囊关闭指示灯；3—右侧阅读灯；4—车内照明灯；
5—右侧阅读灯按钮；6,8—环境照明装置；7—车门照明灯按钮；9—左侧阅读灯按钮；
10—左侧阅读灯；11—紧急呼叫按钮

2.安全气囊系统的检查

① 检查安全带功能是否正常。

② 检查安全带表面是否有老化、损坏的地方。

③ 检查驾驶人及乘员侧安全气囊表面是否有划伤或裂纹。

④ 检查侧安全气囊及气帘表面是否损坏。

⑤ 检查安全气囊系统警告灯状态是否正常。

3.滑动天窗的检查

① 检查天窗前后开启功能是否正常。

② 检查天窗翘起功能是否正常。

③ 检查天窗开关强制关闭功能是否正常。

④ 检查用遥控器关闭天窗功能是否正常。

⑤ 检查天窗排水管是否堵塞。

⑥ 清洁天窗轨道。

⑦ 用天窗专用润滑脂润滑天窗轨道，反复开关运行天窗几次，使润滑更充分。

4.润滑车门止动器

① 打开车门。

② 清洁止动器灰尘。

③ 使用润滑脂润滑止动器。

④ 反复开关车门几次，保证润滑充分。

5.检查空调滤清器状态

① 拆卸旧空调滤清器，如图1-73所示。

② 检查空调滤清器状态，若脏污或潮湿发霉则应更换新的空调滤清器。

③ 用吸尘器吸附壳体内的灰尘等。

④ 安装新的或经过清洁后的空调滤清器。

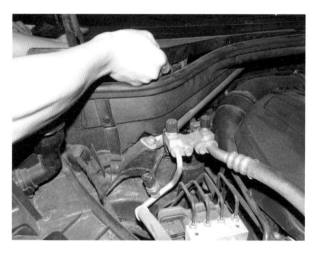

图1-73　拆卸旧空调滤清器

6.保养周期指示器复位

1 利用手动模式操作　以宝马X5车型为例，保养周期指示器复位的操作方法如下。

① 点火钥匙打到位置"0"。

② 如图1-74所示，按住分里程显示器按钮（在组合仪表上左下侧），并将点火钥匙旋转至位置"1"。

分里程显示器按钮 ——

图1-74　分里程显示器按钮

③ 继续按住按钮约5s，直到显示"OIL SERVICE（换油保养）或 INSPECTION（保养检查）"，待"（RESET复位）"或"RE"闪烁。

④ 在显示器闪烁时短时间按住按钮，以使保养周期复位。在显示器短暂显示新的周期后，转而显示制动液更换周期。

⑤ 再次按住按钮约5s，直到显示"REST（复位）"或"RE"闪烁。

⑥ 在显示器闪烁时短暂按住按钮，以使制动液周期复位。

2 带多功能仪表的手动复位方法　在仪表中依次选择设置→保养日志→重设→OK。

3 使用诊断仪进行保养周期指示器复位　利用诊断仪进入"仪表系统"复位。功能导航：依次选择品牌→车型→年款→发动机型号→仪表系统→保养周期指示器复位。

7.查询自诊断系统故障码

① 关闭点火开关，连接诊断仪插头，如图1-75所示。

图1-75　连接诊断仪插头

② 打开点火开关，点击"车辆自诊断"。

③ 点击"车载诊断（OBD）"。

④ 点击"网关安装列表"。

⑤ 若在列表中有红色显示则说明该系统有故障，应逐个打开查询并输出故障码，如图1-76所示。

图1-76　输出故障码

⑥ 将故障码进行分析并将故障排除。

⑦ 关闭点火开关，取下诊断仪插头，完成自诊断。

五、车身底盘维护

1.自动变速器油位检查

① 准备检查及加油时使用的专用工具。

② 水平举升车辆，挂入P挡位。

③ 启动发动机，将变速杆在每个挡位停留3s，然后将变速杆至于P挡位。

④ 旋出检查孔螺栓。

⑤ 待变速油温达到35 ～ 45℃时，检查是否有变速器油连续滴出。

⑥ 若有变速器油连续滴出，则更换新的检查孔螺栓并以45N·m力矩拧紧。

⑦ 若没有变速器油连续滴出，则加注变速器油至标准油位后再检查。

2.更换自动变速器齿轮油和滤清器

1 排放变速器油

① 准备好废油收集器。

② 举升车辆。

③ 拧松放油螺栓并旋出溢流管，排放变速器油至废油收集器中。

2　更换滤清器

① 拆卸变速器油底壳。

② 逆时针旋转滤清器的固定螺栓。

③ 等待10s，使滤清器壳体内的变速器油流回变速器壳体中。

④ 拆下旧滤清器。

⑤ 以20N·m力矩紧固新的滤清器。

3　加注变速器油

① 以3N·m的力矩拧紧溢流管。

② 用力将加油枪插入检查孔。

③ 按压加油器，将变速器油加到变速器内，直到排出多余的变速器油为止，如图1-77所示。

④ 更换新的放油螺栓并拧紧。

图1-77　加注变速器油

3.检查手动变速器齿轮油油位

① 水平举升车辆，启动发动机运行2min。

② 关闭发动机，拆下加油螺塞。

③ 检查是否有变速器油从加油口下沿流出，若有，则检查油是否变质；若变质，则更换。

④ 若油量不足，则检查变速器壳体是否漏油（图1-78），如果没有泄漏则添加至油从加油口下沿流出即可。

⑤ 拧紧加油螺塞。

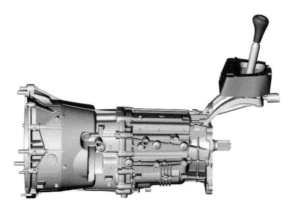

图1-78　检查变速器壳体是否漏油

4. 目视检查车身底部是否破裂

① 举升车辆。

② 检查车身底部防护层是否有破损而露出车身金属底板，若有则应及时修复。

③ 如图1-79所示，检查车身底部饰板是否有破损，若有则应更换底部饰板，防止车辆行驶中飞溅异物冲击车身，破坏防腐层，产生锈蚀现象。

检查车身底部饰板是否有破损

图1-79　检查车身底部饰板

注意：检查底盘时，不要接触排气管和三元催化器等高温部件，否则有被烫伤的风险。

5.目视检查制动系统相关部件是否有泄漏和损坏

① 如图1-80所示，检查制动软管安装位置是否正常，卡扣是否脱落、是否有裂纹。

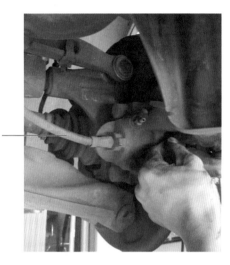

检查制动软管安装位置是否正常，卡扣是否脱落、是否有裂纹

图1-80　检查制动软管

② 检查ABS传感器电路、制动摩擦片磨损报警电路是否有破损，卡扣是否正常。

③ 检查制动管路卡扣位置是否正常，若不正常则必须复位，否则会导致制动管路与车身等部件发生干涉，导致损坏。

④ 检查制动管路是否有撞击变形，若制动管路有变形则必须更换，否则会影响制动效果。

注意：从车身底部目视检查制动系统是否有泄漏和损坏时，注意不要触碰到头部、手臂等身体部位，以免受伤。

6.检查前、后制动摩擦片厚度

① 举升车辆，拆下车轮。

② 用游标卡尺或者目视检查制动摩擦片厚度应不小于2mm，如图1-81所示。

③ 对于鼓式制动器，可通过检查孔目测制动蹄片厚度，制动蹄片厚度应不小于2.5mm。

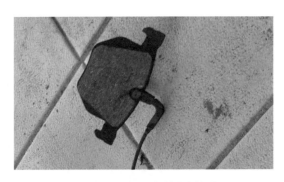

图1-81　目视检查制动摩擦片

7.目视检查变速器、主减速器及等速万向节防护套有无泄漏或损坏

① 举升车辆。

② 传动装置如图1-82所示，检查变速器、主减速器壳体、传动轴油封是否泄漏。

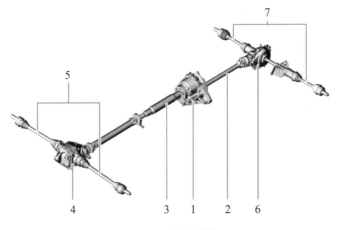

图1-82　传动装置

1—分动器；2—前传动轴；3—后传动轴；4—后桥主减速器；
5—后驱动轴；6—前桥主减速器；7—前驱动轴

③ 目视检查驱动轴、等速万向节防护套有无泄漏或损坏。

④ 下降车辆。

注意：检查底盘时，注意与排气管和三元催化器保持一定的距离，否则有被烫伤的风险。

8.检查转向横拉杆球头的间隙、紧固程度及防尘套状况

① 用手上下左右晃动横拉杆，检查横拉杆球头是否有间隙。

② 检查转向横拉杆（图1-83）球头紧固螺母是否松动。

③ 检查转向横拉杆防尘套是否泄漏或损伤。

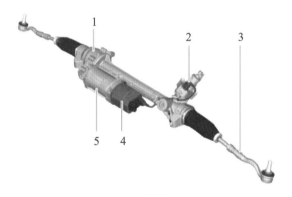

(a)示意图

1—减速器；2—转向力矩传感器；3—转向横拉杆；
4—EPS控制单元；5—带有转子位置传感器的电机

(b)实物图

图1-83　转向横拉杆

④ 检查转向横拉杆是否有磕碰变形。

9. 检查排气管是否有泄漏、损坏及其紧固程度

① 举升车辆。

② 排气系统如图1-84所示，目视检查前后排气管及消音器有无泄漏或损坏。

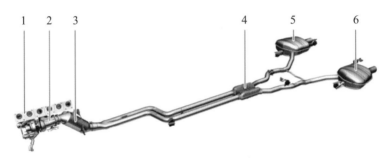

图1-84 排气系统

1—排气歧管；2—废气涡轮增压器；3—三元催化器；4—中间消音器；
5—右后消音器；6—左后消音器

③ 目视检查排气管吊环是否开裂或有变形损坏。

④ 目视检查前后排气管连接，前排气管与排气歧管连接是否泄漏。

⑤ 检查排气管双卡箍固定螺栓是否松动。

注意：检查排气系统时，不要接触排气管和三元催化器，否则可能被烫伤。

10. 更换燃油滤清器

1 燃油滤清器安装在燃油箱外的更换操作

① 对燃油系统进行泄压。

② 清洁燃油滤清器盖板附近的灰尘，拆下燃油滤清器盖板。

③ 戴好防护镜，在油管连接处放好抹布，小心地将燃油管从燃油滤清器上拆下。

④ 拆卸燃油滤清器固定螺栓，取出燃油滤清器。

⑤ 如图1-85所示，更换新的燃油滤清器。

⑥ 连接燃油滤清器管路。

⑦ 启动发动机，检查燃油是否泄漏。

⑧ 安装好燃油滤清器盖板。

图1-85　更换新的燃油滤清器（一）

2　燃油滤清器安装在燃油箱内的更换操作

① 对燃油系统进行泄压。

② 清洁燃油泵盖板附近的灰尘，拆下盖板，拔下燃油泵插头。

③ 在燃油管连接处放好抹布，小心地将燃油管从燃油滤清器上拔下。

④ 使用专用工具拆下燃油泵锁止环，然后取出燃油滤清器。

⑤ 如图1-86所示，更换新的燃油滤清器，然后用专用工具拧紧燃油泵锁止环。

图1-86　更换新的燃油滤清器（二）

⑥ 连接燃油管及燃油泵插头、安装燃油泵盖板。

⑦ 安装座椅和坐垫。

六、汽车及周围部件维护

1.检查所有轮胎（包括备胎）的技术状态

① 举升车辆。

② 每隔120°测量轮胎花纹深度，取平均值，乘用车轮胎花纹最小深度为1.6mm。当轮胎花纹深度接近最小允许深度时应该告知车主更换轮胎。

③ 如图1-87所示，检查轮胎胎面及侧面是否有鼓包、脱层、划伤等损伤，去除轮胎胎面上的异物。

图1-87　检查轮胎胎面及侧面

④ 检查并调整轮胎气压至标准值（各车型轮胎气压标准值详见驾驶人侧车门框内铭牌）。

⑤ 下降车辆，检查备胎花纹深度及磨损形态。

2.检查前后悬架的技术状态

① 如图1-88所示，目视检查前后悬架是否有变形、移位等现象。

② 对于轿车，上下按压前翼子板和后备厢等部位来检查前后悬架，看是否存在异响、碰撞、干涉等现象。

③ 查看减振器密封垫有无液压油渗漏。

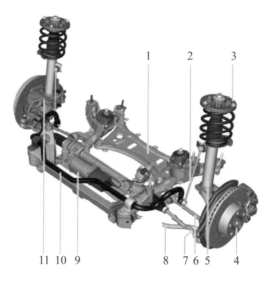

(a)前悬架

1—前桥托架；2—稳定杆连杆；3—支撑座；4—轮毂；5—弹簧减振支柱；6—横摆臂；

7—转向横拉杆；8—拉杆；9—转向器EPS；10—稳定杆；11—摆动支座

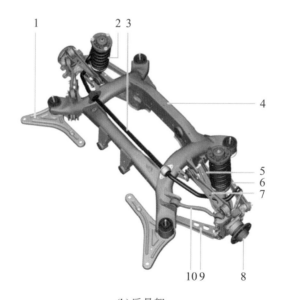

(b)后悬架

1—推力杆；2—弹簧减振支柱；3—稳定杆；4—后桥托架；5—下部横摆臂；6—前束控制臂；

7—上部横摆臂；8—车轮轴承；9—外倾控制臂；10—导向臂

图1-88　检查前后悬架

图1-89　目视检查轮胎螺母

3.检查轮胎螺母与半轴螺栓的紧固情况

① 如图1-89所示，目视检查轮胎螺母有无松动，如果松动则用扭力扳手拧紧。

② 检查半轴螺栓的连接紧固情况，避免行车过程中出现抛锚的情况。

4.检查轮毂轴承和驱动轴防尘罩的技术状况

① 用手扶住车轮外缘上下左右来回晃动检查轮毂轴承松紧度，应无间隙。如果间隙过大，则应更换新的轮毂轴承。

② 检查驱动轴防尘罩是否有裂纹，是否损坏，检查卡箍是否可靠。

③ 检查传动轴（图1-90）的万向节是否松旷，有无卡滞、异响等情况。

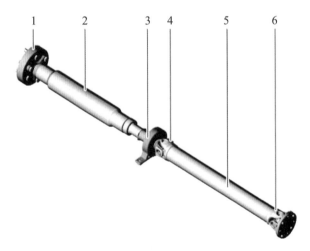

图1-90　传动轴

1—万向节盘；2—传动轴前部部件（溃缩式钢管）；3—中间支撑；
4—十字万向节；5—传动轴后部部件；6—十字万向节

5.汽车车轮定位

1 四轮定位测试过程 开始→偏差补偿→上下晃动车身→固定制动踏板→测量车辆高度→摆正转向盘并固定→检查前桥车轮外倾角（若不正确，则进行调整）→检查后桥车轮外倾角（若不正确，则进行调整）→检查后桥车轮前束（若不正确，则进行调整）→检查前桥主销后倾角（若不正确，则检查车身、车桥部件）→检查前桥车轮前束（若不正确，则进行调整）→结束。

四轮定位如图1-91所示。

专用夹具及目标靶

显示器

四轮定位仪主机

图1-91 四轮定位

2 进行四轮定位应满足的条件

① 检查车轮悬架装置、汽车轴承、转向系统和转向横拉杆，应无间隙过大或损坏情况。

② 同一车桥上的左右两侧轮胎花纹深度差值不允许超过2mm。

③ 轮胎充气压力应一致且符合规定。

④ 车辆应为无负载重量。

⑤ 燃油箱必须装满燃油。

⑥ 备胎和随车工具必须置于指定位置。

⑦ 风窗清洗系统和清洗装置的储液罐均应注满洗涤液。

3 四轮定位注意事项

① 在车轮定位过程中，应确保四轮定位仪的活动底座和转盘不触及止位块。

② 四轮定位仪的使用操作应严格按照设备使用说明书要求进行。

| 第二章 |

汽车常规维护

项目三

汽车日常维护

一、汽车日常维护概述

日常维护是以预防为主的维护作业，是驾驶人的一项重要工作职责，也是汽车维修企业的一项经常性的技术工作。因此，要求每一位驾驶人在汽车日常维护中，必须执行"三检"（即坚持出车前、行车中、收车后检视车辆的安全机构及各部件连接紧固情况）、"四清"（即保持空气、机油、燃油滤清器和蓄电池的清洁）、"四防"（即防止漏油、漏水、漏气、漏电）的维护制度，以达到车容整洁、车况良好、行车安全的目的。

汽车日常维护的项目、内容及技术要求见表2-1。

表2-1　汽车日常维护的项目、内容及技术要求

序号	维护的项目	维护内容及技术要求	维护时间
1	车辆外观及附属设施	检查、清洁车身	出车前或收车后
		目视检查后视镜，必要时调整后视镜角度	出车前
		目视检查灭火器、客车安全锤的放置位置及完好情况	出车前或收车后
		目视检查安全带	出车前或收车后
		目视检查风窗玻璃刮水器	出车前
2	发动机	目视检查发动机润滑油、冷却液面高度，视情况进行补给	出车前
3	制动系统	制动系统的仪表自检	出车前
		目视检查制动液液面高度，视情况进行补给	出车前
		路试检查行车制动，在坡道上检查驻车制动	出车前

续表

序号	维护的项目	维护内容及技术要求	维护时间
4	车轮及轮胎	目视检查轮胎外观、气压	出车前、行车中或收车后
		目视检查车轮螺栓、螺母	
5	照明、信号指示装置及仪表	目视检查前照灯	出车前
		目视检查信号指示装置	
		目视检查仪表	出车前、行车中

二、汽车日常维护方法

1.目视检查车辆外观及附属设施

① 检查、清洁车身（图2-1）。

图2-1　清洁车身

注意：清洁车身时，要用中性洗车液、软性抹布、羊毛手套、海绵等洗车工具，按全车除尘（最好用水）→喷泡沫（车身表面均匀喷洒洗车泡沫）→擦拭（车身用软布或羊毛手套，车轮用海绵）→擦干车身表面等流程进行清洁，以免损坏车身漆面。

② 目视检查后视镜，必要时调整后视镜角度。

③ 目视检查灭火器、安全锤的放置位置及完好情况。

④ 如图2-2所示，目视检查安全带。

图2-2　目视检查安全带

⑤ 目视检查风窗玻璃刮水器。

2.目视检查发动机润滑油、冷却液面高度

① 目视检查发动机润滑油油面高度，油面位置应在上、下刻度线之间。

② 如图2-3所示，目视检查发动机冷却液液面高度，液面高度应在MIN和MAX之间。

图2-3　目视检查冷却液液面高度

3.全面检查制动系统的工作状态

① 如图2-4所示，制动系统的仪表自检：打开点火开关，不启动发动机时，制动系统的故障指示灯（ABS灯）应点亮；经过若干秒或启动后，该指示灯应熄灭，否则说明制动系统存在故障，应及时送修。

② 目视检查制动液液面高度，视情况进行补充。

③ 路试检查行车制动，在坡道上检查驻车制动。

图2-4　制动系统的仪表自检

4.目视检查车轮及轮胎的工作状态

① 目视检查轮胎外观、气压。若发现轮胎胎侧有鼓包、深度裂纹等情况，应及时更换。

② 目视检查车轮螺栓，若发现松动，可用随车工具中的轮胎专用扳手按对角线法交叉拧紧，如图2-5所示。

图2-5　按对角线法交叉拧紧车轮螺栓

5.照明、信号指示装置及仪表

① 目视检查前照灯。

② 打开点火开关，目视检查信号指示装置。

③ 坐在驾驶位置，目视检查仪表工作状态，如图2-6所示。

图2-6　检查照明、信号指示装置及仪表

项目四

汽车一级维护

一、汽车一级维护周期

汽车一级维护一般在汽车行驶到2000 ～ 5000km时进行，主要是以紧固螺栓、螺母和更换发动机机油为主。其中主要内容为检查、紧固汽车外露部松动的螺栓、螺母，按规定给润滑部位加润滑脂和添加各总成内的润滑油，清洁各滤清器等。

二、汽车一级维护方法

1.发动机的维护方法

① 启动发动机，让发动机分别在怠速、中速和高速运转时倾听发动机有无杂音或异响等。

② 检查发动机传动带的松紧度，视情调整传动带张紧度，必要时更换传动带及自动张紧器。

③ 检查气缸盖，进、排气歧管及消音器的连接有无松动的情况。

④ 检查空调压缩机的固定情况及管路有无漏油等情况。

⑤ 清洁空气滤清器壳体。

⑥ 如图2-7所示，清洁空气滤清器，必要时更换空气滤清器。

图2-7　清洁空气滤清器

⑦ 检查发动机的润滑系统、冷却系统及燃油系统是否渗漏或损坏。

⑧ 检查并紧固发动机固定螺栓、螺母及飞轮壳螺栓。

⑨ 更换发动机机油及机油滤清器。

⑩ 检查冷却系统中冷却液液面高度及防冻能力，必要时添加发动机冷却液或调整冷却液浓度。

⑪ 清洁干净发动机机舱。

2.底盘的维护方法

① 检查离合器踏板自由行程，在离合器踏板轴处添加润滑脂。

② 检查变速器是否渗漏或损坏。

③ 检查万向节、传动轴、半轴、防尘套、中间轴承及支架是否损坏，给传动轴添加润滑脂。

④ 检查转向横拉杆球头固定情况、间隙及防尘套是否损坏。

⑤ 检查制动主缸、制动轮缸、制动液压管路是否渗漏或损坏，必要时更换制动轮缸防尘套。

⑥ 检查制动液液面高度，必要时添加制动液。

⑦ 检查制动摩擦片或衬块的厚度，同时检查制动盘或制动鼓的工作情况。

⑧ 检查并调整驻车制动器。

⑨ 检查减振器固定情况，螺旋弹簧有无变形损坏。

⑩ 检查上下摆臂、各种连接杆以及转向节球头是否损坏。

⑪ 检查排气管吊耳连接是否牢固。

⑫ 检查排气管是否锈蚀、渗漏。

⑬ 检查燃油管路是否有折断或扭曲的异常情况。

⑭ 检查发动机支座有无裂痕或损坏情况。

⑮ 如图2-8所示，检查底盘螺栓是否松动。

图2-8　检查底盘螺栓是否松动

⑯ 检查轮胎气压、磨损及损坏情况。

⑰ 检查轮胎花纹深度。

⑱ 检查车轮螺栓扭紧力矩。

3.车身的维护方法

① 检查汽车全部外表完好状态以及漆面情况，检查车架有无裂缝、铆钉有无松动现象。

② 检查全车密封胶条密封情况并清洁门窗胶条。

③ 如图2-9所示，清洁车门铰链及车门限位拉条。

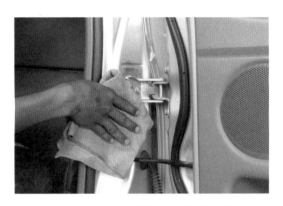

图2-9　清洁车门铰链及车门限位拉条

4.电气设备的维护方法

① 检查蓄电池液面，不足时加蓄电池电解液，冬季加蒸馏水后须充电，以防冻结。检查蓄电池接线柱上是否出现氧化物，如有氧化物，可以先用热水浇桩头清除（图2-10），最后在接线柱上涂凡士林或润滑脂。

图2-10　清除蓄电池接线柱上的氧化物

② 检查喇叭、仪表板上各指示灯、制动灯、转向灯、前照灯、车室灯，以及电气仪表、按钮的工作状况。

③ 检查发动机、起动机的工作状况是否良好。

④ 检查空调系统是否正常。

⑤ 清洁空调滤清器，必要时清洁空调通风系统。

项目五

汽车二级维护

一、汽车二级维护周期

汽车二级维护一般在汽车行驶到7500～10000km时进行。汽车二级维护除执行汽车一级维护作业内容外，还需要检查发动机和底盘各部件的工作情况，排除一些存在安全隐患的故障，使汽车保持良好的技术状况。

二、汽车二级维护方法

1.发动机的维护方法

① 启动发动机，倾听发动机在怠速、中速和高速运转时有无杂音或异响。

② 检查气缸压力，必要时清除燃烧室积炭及研磨气门、调整气门间隙，检查气门油封及曲轴油封有无漏油现象。

③ 根据情况拆检燃油泵，必要时更换新的燃油泵；拆检空气滤清器，

必要时更换新的空气滤清器；清理燃油滤清器，必要时更换新的燃油滤清器。

④ 检查并紧固气缸盖和进排气歧管的螺栓、螺母，检查发动机固定情况，检查飞轮壳与缸体的连接和紧固情况。

⑤ 更换发动机机油，清理机油滤清器（更换细滤芯），拆洗发动机油底壳（图2-11），清洗机油泵和机油集滤器，擦拭和检查气缸壁，检查轴瓦（必要时进行调整），装上油底壳并紧固，按规定加注原厂的发动机机油至规定油位。

⑥ 检查散热器及罩盖的固定情况，电子风扇工作是否正常。

⑦ 检查水泵、节温器有无漏水的情况，必要时更换水泵、节温器。

图2-11　拆洗发动机油底壳

2.离合器及传动部分的维护方法

① 检查离合器踏板自由行程，在离合器踏板轴处加润滑脂。

注意：离合器踏板自由行程的检查方法是将有刻度的直尺支在驾驶室地板上，首先测出离合器踏板在完全放松时的高度，再用手轻轻推压离合器踏板，当感觉阻力增大时停止推压，测出此时离合器踏板的高度。前后两次测出的离合器踏板高度差就是离合器踏板自由行程值。离合器踏板自由行程为5.0～15.0mm，如果不符合规定应进行调整。

② 检查变速器是否有泄漏，放出齿轮油，清洗变速器及齿轮，检查齿

轮、轴及变速机构的磨损情况；检查飞轮壳螺栓的紧固情况，装复变速器盖，加注原厂的齿轮油至规定位置。

③ 检查万向节，根据情况调换十字轴的方向，检查传动轴、伸缩套的松旷情况，检查中间支撑架及轴承，加注润滑脂，紧固拖车钩螺母。

④ 根据情况检修主减速器和差速器，检查齿轮的啮合情况，调整轴承的松紧度，添加或更换齿轮油，疏通通气孔，检查是否漏油，紧固螺栓、螺母。

3.前桥部分的维护方法

① 检查转向器（齿轮齿条转向器）有无漏油。

② 检查并紧固前桥螺栓。

③ 如图2-12所示，使用撬杠检查前下摆臂、平衡杆、定位球头、转向球头、内外球笼是否松旷受损。

图2-12　检查前下摆臂

④ 检查半轴防尘胶套是否老化、破损；半轴有无弯曲。

⑤ 检查前制动轮缸、制动器是否正常；油管是否连接牢固，有无干涉和漏油。

⑥ 检查前车轮传感器线路安装是否完好、牢固。

⑦ 检查前减振器是否渗漏。

⑧ 用手托举前轮胎，检查车轮轴承是否松旷。

⑨ 紧固前保险杠以及前拖钩、翼子板、发动机罩、脚踏板、驾驶室的固定螺栓、螺母等，检查制动器的工作情况并紧固螺栓、螺母，在制动凸轮轴处加注润滑脂。

⑩ 检查转向横拉杆内外球头及防尘套，如有损坏，必须更换；此外，更换转向横拉杆内外球头后必须调整前束值。

4.后桥部分的维护方法

① 检查后保险杠安装是否牢固。

② 检查排气管消音器及后部密封是否有磕碰、泄漏等现象。

③ 检查后桥螺栓紧固标记是否正常。

④ 检查排气管是否锈蚀、渗漏。

⑤ 检查排气吊耳连接是否牢固。

⑥ 检查燃油管路是否有干涉受损。

⑦ 检查燃油箱安装是否牢固，是否受损。

⑧ 检查后平衡杆、球头是否松旷受损。

⑨ 检查后制动轮缸、油管是否连接牢固和漏油。

⑩ 检查驻车制动器拉线（图2-13）、制动油管是否变形、扭曲和有干涉情况。

图2-13　检查驻车制动器拉线

⑪ 拆检后制动鼓或制动器的磨损情况，调整制动摩擦片间隙及后轮毂轴承松紧度，补充或更换润滑脂，检查轴距，根据情况进行半轴换位，紧固半轴凸缘螺栓、螺母。

⑫ 检查和紧固备胎架、工具箱。

5.电气设备的维护方法

① 检查蓄电池的工作情况（图2-14），在接线柱处涂凡士林或润滑脂，以防腐蚀，疏通盖上的通气孔，检查启动线路，紧固蓄电池支架。

② 检查汽车全部电气设备及其完好状况，检查喇叭、仪表板上各指示灯、制动灯、转向灯、前照灯等以及电气仪表的工作状况。

③ 检查火花塞、点火线圈的工作性能。

④ 检查、清理发电机、调节器、起动机，试验其工作性能，当每行驶6000 ~ 8000km（可根据具体情况适当增减）进行二级养护时，必须对发电机、起动机进行保养。

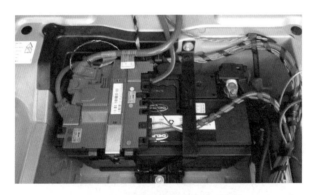

图2-14　检查蓄电池的工作情况

6.轮胎部分的维护方法

① 清除轮胎花纹里的石子等夹杂物，检查轮胎有无鼓泡、脱层、裂伤、老化等故障。

② 拆卸轮胎，对轮辋进行除锈，进行轮胎翻边或换位，按规定气压充气。

注意：最好按照制造商说明书的程序进行轮胎换位，包括用备胎换位、前后换位、同轴换位，如图2-15所示。

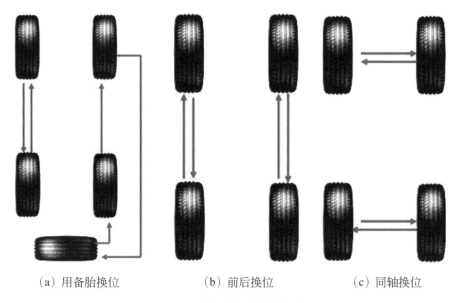

（a）用备胎换位　　　　　（b）前后换位　　　　　（c）同轴换位

图2-15　常用的轮胎换位方法

③ 检查轮胎与翼子板、底盘底板、挡泥板等有无摩擦、碰刮现象。

7.整车检验的维护方法

① 检查汽车车身外表完好状况及漆面情况，检查车架有无裂缝、铆钉有无松动，检查制动系统工作效能及管路密封情况，检查转向系统的工作情况。

② 进行汽车路试，倾听发动机在加速、中速、高速时的运转情况，有无不正常的响声；底盘有无不正常的响声，在各种不同速度下试验制动器的制动性能，应无跑偏、制动发抖及制动不灵的现象。

③ 汽车停在陡坡上，将手制动器拉紧，应停住不动。路试一段距离后，检查变速器壳、后桥主减速器壳、各制动器或制动鼓等处是否过热。

④ 路试后，如果发现汽车有不正常故障现象，应立即予以检查、调整、排除。

项目六

汽车三级维护

◆ 一、汽车三级维护周期 ◆

　　汽车三级维护一般在汽车行驶到50000～60000km时进行。汽车三级维护以拆解总成，并对其进行清洗、检验、调整、消除故障隐患为主，属于总成大修的范畴。汽车三级维护除包含二级维护的项目外，还应更深入地进行清洗和检查，并视需要拆检各个总成或组合件，消除故障，清除积炭、油污和结胶。清洗发动机机油通道，清除水垢，清洗油底壳和燃油箱，拆检和调整底盘各总成，并清洗换油，检查和调整四轮定位，对车架和车身进行检查、除锈和补漆。

◆ 二、汽车三级维护方法 ◆

1.发动机部分的维护方法

　　① 启动发动机，倾听发动机在怠速、中速和高速运转时有无杂音异响，拆下发动机总成。

　　② 拆卸发动机，清除进气歧管积炭（图2-16）、油污和结胶，清理水垢，检查主油道、油底壳各机件的技术状况，研磨气门，检验气门弹簧，检修轴承瓦，根据情况更换活塞环，检查油封，根据情况进行更换。

　　③ 拆检气缸盖，根据情况更换气缸盖衬垫，清洗进、排气歧管，检查并紧固飞轮壳与缸体的螺栓。

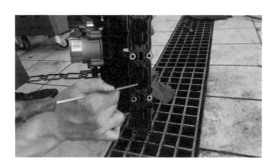

图2-16 清除进气歧管积炭

④ 更换发动机曲轴前后油封。

⑤ 拆检水泵，根据情况更换密封皮碗和垫圈，在水泵轴处加注润滑脂，检查节温器并疏通水道及分水管，如水管破裂则必须进行更换处理。

2.离合器及传动部分的维护方法

① 分解、清洗、检查和调整离合器（根据情况更换从动盘摩擦片和分离轴承），调整离合器踏板的自由行程，向离合器踏板轴加注润滑脂。

② 更换变速器过滤器（图2-17）及变速器油，必要时分解、清洗、检查变速器，根据情况进行修复。

图2-17 更换变速器过滤器

③ 检查传动轴中间轴承及支架有无损坏。

④ 拆检万向节，根据情况进行更换，检查传动轴的弯曲并进行校正，检查传动轴与伸缩套的松旷程度，给传动系统加注润滑脂。

⑤ 调整驻车制动器（根据情况更换制动摩擦片），向制动蹄销加注润滑脂。

⑥ 拆检、清洗、调整主减速器和差速器（根据情况更换垫片），更换齿轮油，疏通气孔。

⑦ 如图2-18所示，检查驱动桥及半轴有无漏油或损坏的现象。

图 2-18　检查驱动桥及半轴

3.前桥部分的维护方法

① 拆检前制动器，更换制动摩擦片；检查制动轮缸防尘套是否损坏，向制动卡钳销加注润滑脂等。

② 检查前轮毂轴承的松紧度，更换润滑脂，必要时更换车轮轴承。

③ 拆检、清洗、调整转向器，然后加注润滑脂。

④ 检查调整转向盘的转动量和游隙。

⑤ 检查减振器，试验其减振效果，必要时更换减振器及螺旋弹簧。

⑥ 检查下摆臂（图2-19）及转向节，如有损坏，必须进行更换。

图2-19 检查下摆臂

4.后桥部分的维护方法

① 检查后制动轮缸、制动摩擦片、油管是否正常。

② 检查轴距，检查半轴，紧固半轴凸缘螺栓、螺母和轮胎螺栓、螺母。

③ 如图2-20所示，检查排气管、消音器是否锈蚀，如果存在损坏，必须更换。

④ 检查、紧固燃油箱架螺栓、螺母，车厢挡板、后门挡板、车厢固定螺栓、螺母，挡泥板螺栓、螺母等。

⑤ 检查、紧固备胎架、工具箱。

图2-20 检查排气管及消音器

5. 电气设备的维护方法

① 检查蓄电池，如110h放电容量小于40%额定容量时，可根据具体情况进行补充充电或更换蓄电池，检查或修整启动导线。

② 检查汽车全部电气设备，检查各仪表、传感器、熔丝及各开关和线路。

③ 检查点火线圈（图2-21）、火花塞、灯光、喇叭、转向开关及闪光灯等，必要时进行拆修或调整。

④ 检查发电机及调节器的工作情况，起动机的工作性能，根据情况进行拆检修复。

图2-21　检查点火线圈

6. 轮胎部分的维护方法

① 清除胎纹里的石子等夹杂物，检查外胎有无鼓泡、脱层、断线、裂伤、老化等，如图2-22所示。

② 拆检轮胎，检查钢圈有无变形，清除轮辋锈污和补漆，检查内胎和垫带有无损伤或折皱，按规定充足气压，配齐轮胎气门嘴帽，进行轮胎翻边或换位。

③ 检查轮胎的磨损程度，如果磨损到1.6mm，应更换轮胎。

图2-22　检查轮胎

④ 检查轮胎与翼子板、车厢底板、挡泥板等有无摩擦、碰刮现象。

7.车架及车身部分的维护方法

① 检修保险杠，检查车架及防撞梁（图2-23）有无断裂、扭曲或变形，铆钉有无松动，并根据情况进行修整。

图2-23　检查车架及防撞梁

② 清洗散热器上的水垢，焊修渗漏；清洗燃油箱，焊修渗漏。

③ 检查全车门窗及玻璃是否完整，开关是否灵活，门锁是否良好，并根据情况进行修复。

④ 检修坐垫、篷布。

⑤ 检查车身漆面情况，根据情况进行补漆。

⑥ 车架、前后桥、车身门边及隐蔽部位等处要进行防锈处理。

chapter
three

| 第三章 |

汽车季节性维护

项目七

汽车夏季维护

一、汽车夏季维护概述

　　炎炎夏日，气温高，发动机易过热，容易导致发动机动力不足；润滑油变稀、变质，润滑性能下降，运动零部件磨损加剧；驾驶人易疲劳、打盹，危及行车安全。另外，雨水增多使车辆打滑，可能造成车辆受损，甚至发生交通事故。

　　做好夏季车辆的维护及高温下的安全驾驶是一项十分重要的工作，广大私家车主必须掌握夏季车况特点并及时采取正确的维护和防暑降温措施，以确保人身及财产的安全。夏季车况的特点如下。

　　① 机油容易变稀、变质、挥发和烧损，导致润滑性能下降、机油消耗过快。

　　② 加剧零部件的磨损。

　　③ 发动机充气性能变差，动力下降。

　　④ 制动性能变差，行车安全系数降低。

　　⑤ 高温下，易产生各种气阻，影响有关系统和机构的正常工作。

　　⑥ 发动机易发生自燃或爆燃等不正常现象，使发动机使用寿命下降。

　　⑦ 汽车空调制冷效果变差。

二、汽车夏季维护方法

　　夏季汽车常发生故障的主要部位包括冷却系统、润滑系统、燃油供给系统、点火系统、轮胎、制动系统等。

1.冷却系统

夏季冷却系统的最常见故障是散热器"开锅"（图3-1），伴随着散热器"开锅"还有加速无力等故障。清洗发动机冷却系统，使用原厂发动机冷却液，同时清扫散热器的外侧和堵塞的地方，保持冷却系统良好的工作性能。

图3-1 散热器"开锅"

2.润滑系统

夏季温度较高，机油容易受热变稀，使用适合气温较高的机油可以有效地防止发动机温度过高时的恶劣工况，保证发动机正常润滑。此外，也可以在更换发动机机油后直接添加发动机增强保护剂（图3-2），以减少机油的消耗等。

3.燃油供给系统

① 清洗燃油供给系统，确保燃油供给顺畅。最简单的方法就是直接在燃油箱内添加燃油系统清洗剂，如图3-3所示。

② 夏季燃油供给系统很容易出现气阻现象。若行车途中发生气阻现象，可将车辆开到阴凉处降温，使气阻现象得以排除。同时，要确保燃油箱盖要盖严，还要防止燃油管泄漏。

图3-2　添加发动机增强保护剂

图3-3　燃油系统清洗剂

4.点火系统

对点火系统进行夏季针对性维护，适当调整火花塞和点火提前角，以保证汽油机在高温下能够正常点火。

① 如图3-4所示，调整火花塞间隙（适当增加火花塞间隙），以防汽油机过早点火。

注意：调整火花塞间隙时，应先清除火花塞上的积炭等沉积物，注意撬起火花塞侧电极的力度，要避免间隙调整过大或撬断侧电极。

② 调整点火正时，适当推迟点火提前角，以防汽油机发生爆燃和早燃。

注意：调整点火正时作业具有较高的技术难度，需要使用专业的设备进行调整。

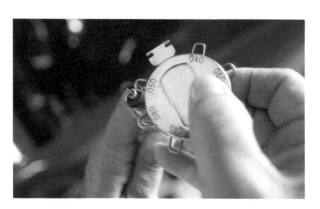

图3-4　调整火花塞间隙

5.轮胎

夏季温度较高，应经常检查轮胎的气压（图3-5），若发现轮胎过热或气压过高，应将汽车停在阴凉处降温，不可用冷水冲，也不要放气，否则将会导致途中爆胎或轮胎过早损坏。在日常用车时，如果发现轮胎异常磨损或损坏，要及时处理。

图3-5　检查轮胎的气压

6.制动系统

夏季天气潮湿，制动液容易吸水变质，所以夏季应相应缩短制动液的更换周期（图3-6），必要时对制动系统进行清洗。

图3-6　更换制动液

7. 充电系统

夏季行车，充电系统也应经常进行检查。蓄电池易出现过充电现象，电解液蒸发快，极板易损坏，因此应经常检查蓄电池的液面高度和电解液的密度（电解液的密度应比冬季小一些），经常向电解液中加注蒸馏水（图3-7），保持加注口盖上通气孔畅通无阻，否则会发生蓄电池内部压力增加使壳体炸裂的现象；还应适当调整发电机调节器，减小发电机的充电电流。

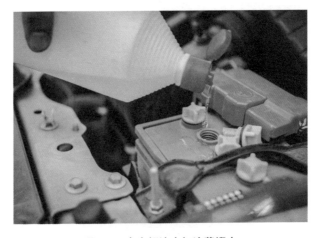

图3-7　向电解液中加注蒸馏水

8.空调系统

夏季是空调使用最多的季节。使用时关闭车窗，车内空气不能流通，容易滋生细菌。因此，车内除异味、保持空气清新也是夏季养护的主要内容。

① 检查及清洁空调滤芯，并定期进行更换（图3-8）。

图3-8　更换清洁空调滤芯

② 确保制冷剂足够，制冷剂是否充足可通过干燥瓶或管路上的视液镜查看，如图3-9所示。

图3-9　视液镜

注意：启动汽车并打开空调制冷系统，当空调管路上的制冷剂视液镜一片清晰，且出风口有冷气吹出，此时若发动机转速提高或降低，可能有少量气泡出现；关闭空调后随即出现气泡，然后逐渐消失，说明制冷剂量合适。

③ 检查空调系统压力是否合适。一般正常的空调系统低压端的压力为 200 ~ 250kPa，高压端的压力为 1500 ~ 2500kPa，但也因车而异。

④ 检查干燥瓶或膨胀阀是否正常。

⑤ 检查电子控制系统是否可靠。

⑥ 清洁冷凝器表面，确保冷凝器工作正常。

项目八

■ 汽车冬季维护 ■

◆ 一、汽车冬季维护概述

在天寒地冻的冬季，尤其是经过一个晚上露天的风吹霜寒后，车身会变得冰凉，难以启动。因此，做好冬季车辆的维护，保障低温下的安全驾驶是一项十分重要的工作。作为驾驶人尤其是广大私家车主，必须掌握冬季车况的特点并及时采取正确的维护措施，以确保人身及财产的安全。冬季车况的特点如下。

① 汽车难以启动或无法启动，其主要原因如下。

a.机油黏度大，甚至凝结，流动性差，使发动机启动阻力增大，难以达到启动所需的转速。

b.蓄电池容量及电压显著降低，使起动机得不到所需的输出功率，达不到启动转速的要求。

c.燃油黏度大，蒸发性变差，雾化不良，使发动机转速低，进气管内气体流速减慢，混合气难以达到可燃的浓度。

② 发动机怠速不稳，容易熄火。

③ 发动机磨损严重，易产生噪声。

④ 空调的取暖效果变差。

⑤ 制动效果变差，制动距离变长，安全性能下降。

⑥ 转向阻力增大，转向困难，操纵性能下降。

二、汽车冬季维护方法

冬季的养护主要包括冷却系统、润滑系统、燃油供给系统、轮胎、电气系统等的养护。

1.冷却系统

① 当冬季来临时，对未使用发动机冷却液的发动机，必须更换上汽车制造商规定的发动机冷却液（图3-10），并根据当地可预测的最低气温选择发动机冷却液的冰点温度。

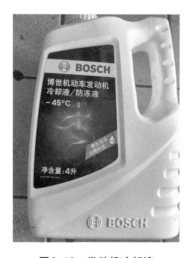

图3-10 发动机冷却液

② 安装发动机附加保温罩及检修启动预热装置（即电热塞，部分采用分隔式燃烧室柴油机装配此装置）。

③ 测试节温器性能。测试时将节温器浸没在水中，逐渐将水加热，检查节温器首次开启时的温度和全部打开时的温度，如图 3-11 所示。检查节温器是否在规定的 82℃时开始打开，在 95℃是否全开，全部打开的量是否为 8 ~ 9.5mm。如果在低于或高于规定的温度打开，说明节温器损坏，必须更换。

图 3-11　测试节温器性能

2.润滑系统

有些发动机没有使用多级油（冬夏通用），在冬季来临时，应将发动机机油更换成多级油或冬季用机油。否则在气温低的情况下，会出现发动机启动困难和润滑不良的故障，严重时将会导致发动机曲轴烧瓦故障。

3.燃油供给系统

装备柴油发动机的汽车冬季时绝对不能使用 0 号柴油，而要使用 5 号以上的柴油。柴油的标号表示的是柴油的凝固点，如 0 号柴油表示该柴油在0℃就会凝固，而-35号柴油表示这种柴油的凝固点在-35℃。对于汽油车，只要在换季时更换一下燃油滤清器即可，如图3-12所示。

图3-12 更换燃油滤清器

4.轮胎

当冬季来临时，要适当补充轮胎气压，以使其保持在规定的气压范围内，同时要确保轮胎花纹深度在规定的范围内，如图3-13所示。另外，若经常在冰雪路较多的地区行驶，应使用冬季防滑轮胎。防滑轮胎的花纹磨损到花纹深度的50% ~ 60%时，会失去防滑的性能，应及时更换。

图3-13 检查轮胎花纹深度

5.电气系统

① 蓄电池最怕低温。在冬季来临之前，应补充蓄电池的电解液，调整好密度并检查蓄电池的存电情况，如图3-14所示。在温暖地方正常使用的蓄电池，到了寒冷的天气后，蓄电池会突然失灵（没有电）。

② 在冬季使用汽车电器时，应先启动汽车，待发动机正常工作后再使用其他用电器；停车时，先关闭用电器，再熄火；停车时尽量不要使用前照灯、音响等用电器，避免将蓄电池的电量耗尽。

图3-14　检查蓄电池的存电情况

chapter
four

| 第四章 |

汽车专业性维护

项目九

▪ 汽车首次维护 ▪

◆ 一、汽车首次维护内容 ◆

　　汽车首次维护包括新车的首次维护和汽车大修发动机后的首次维护。新车的首次维护是指当新购车辆行驶到一定里程后，根据车辆使用说明书规定，对机油、机油滤清器进行更换，并对全车各系统、各总成、各部件进行全面检查、紧固的作业过程。

◆ 二、汽车首次维护作业 ◆

1. 新车的首次维护

> **1** 更换发动机机油和机油滤清器

① 打开发动机舱，拧开机油加注口盖。

② 将车辆举升到合适的高度，并将废油收集器置于车辆放油螺栓下方。

③ 使用合适的工具松开放油螺栓，将废机油排放至废油收集器中，如图4-1所示。

注意：刚熄火后的发动机，发动机及机油均处于高温状态，注意不要被烫伤。

④ 排放完废机油后，将放油口擦拭干净，然后安装新的垫圈及放油螺栓，使用扭力扳手按规定力矩拧紧放油螺栓。

图4-1 排放废机油

⑤ 拆卸机油滤清器。如图4-2所示，在拆卸机油滤清器时，可能会有少量机油外泄，应及时擦净。

图4-2 拆卸机油滤清器时少量机油外泄

注意：若机油滤清器安装在发动机底部，需要将废油收集器置于机油滤清器下方，自然排放旧机油；若机油滤清器安装在发动机上部（分体式结构），需要利用废油收集器的吸管吸干净旧机油，并将抹布垫在机油滤清器下方，以防外泄的机油滴在发动机上。

⑥ 更换厂家指定的机油滤清器。在安装前，将少许新的机油均匀涂抹于机油滤清器的密封圈上。

⑦ 安装新的机油滤清器。查阅相应车型维修手册中机油滤清器的拧紧力矩，使用扭力扳手按规定力矩拧紧机油滤清器。

⑧ 将车辆降至合适高度，加注指定等级的发动机机油至规定容量，如图4-3所示。

图4-3　添加机油

⑨ 启动发动机数分钟后熄火，再次举升车辆，检查发动机是否存在渗漏。

⑩ 再次将车辆降至合适高度，检查机油的油位是否在规定的范围内。

2　对全车进行目视检查

1）检查全车灯光

① 如图4-4所示，检查前、后照明灯。

（a）检查前照明灯　　　　　　　　　　　（b）检查后照明灯

图4-4　检查前、后照明灯

② 检查信号灯。

③ 检查仪表灯。

④ 检查车内照明灯。

2）检查发动机机油油面高度

① 将车辆停放在水平地面上，关闭发动机，静置一段时间（不少于

15min)。

② 找到发动机油尺,将其拔出并擦拭干净。

③ 把已经擦拭干净的油尺重新插回到油尺管中。

④ 如图4-5所示,把油尺拔出,检查机油油面高度(在油尺上有最高和最低液面高度的标记)。

图4-5　检查机油油面高度

⑤ 如果发现机油量损失过多,则要进一步进行检查和维修。

3)检查发动机冷却液

① 找到发动机冷却液膨胀水箱。

② 如图4-6所示,检查发动机冷却液液面高度,可以从冷却液膨胀水箱的外侧查看或打开盖子查看。如果液面太低(低于LOW或MIN),则需要进行补充。

图4-6　检查发动机冷却液

注意：禁止在发动机运行状态下打开膨胀水箱的盖子，以免被烫伤。

4）检查风窗玻璃清洗液

① 检查储液罐中清洗液的状况和液面高度。如果液面太低，则需要补充清洗液；如果发现清洗液已被污染，则要将其从储液罐中排出，再加注新的清洗液；必要时应拆洗储液罐。

② 测试刮水器装置，检查清洗泵是否运转，查看喷水口是否堵塞或喷射角度及距离是否正常。

5）检查动力转向油液面高度

注意：电动助力转向系统无此项检查。

① 找到动力转向油储油罐。

② 将盖子上面的油尺擦拭干净，把盖子盖好，重新打开盖子，检查油尺上的油位高度。

③ 如果液面过低，需要加注油液到标准高度。

注意：在车辆正常运行时，动力转向油是不会被用尽的，即使在转动转向盘时，油液液面也不应该下降过低。如果液面过低，则需要检查动力转向系统是否存在渗漏情况。

6）检查制动液

① 打开发动机舱，找到制动总泵的位置（一般位于发动机舱后方靠近驾驶人侧），把制动液储液罐周围擦拭干净，以便观察制动液液面高度。

② 如图4-7所示，检查制动液液面高度（在储液罐的侧面通常标有MAX和MIN的标线）。

③ 如果液面高度过低，应添加规定的制动液，但不能加得过满。

④ 拧紧储液罐盖。

7）检查自动变速器油

① 首先确认发动机是否运转，变速器挡位是否处于N挡或P挡，变速器油的温度是否正常，变速器上是否有油尺等。

② 拔出变速器上的油尺，将其擦拭干净。

③ 把已经擦拭干净的油尺重新插回油尺管中。

图4-7　检查制动液液面高度

④ 把油尺拔出来，检查油面高度（在油尺上标有MAX和MIN油面高度标记）。

⑤ 如果油面较低，用厂家推荐的自动变速器油加注到规定油位；再一次检查自动变速器油位，确保油位正常，把油尺重新插回去。

3　对汽车底盘进行目视检查

1）检查轮胎

① 检查轮胎气压，若轮胎气压过低，则应进行补充。在补充之前，首先在汽车上找到轮胎胎压铭牌（一般在燃油箱盖或驾驶人侧门立柱上），并根据汽车承载情况，选择前、后轮胎的气压标准。

② 如图4-8所示，检查轮胎磨损情况，轮胎发生异常磨损的主要原因

图4-8　检查轮胎磨损情况

是：车轮不平衡，轮胎安装不正确，车轮定位不准，以及车轮轴承磨损和减振器、螺旋弹簧或其他悬架部件失去平衡。轮胎的异常磨损主要分为羽状磨损和不均匀磨损两种情况。

2）检查转向系统及悬架系统的零部件

① 将汽车举升到合适高度并进行锁止，以防汽车自行下降。

② 检查转向机、动力转向软管、横拉杆球头销以及传动轴防尘套等部件和总成的密封状况。

③ 检查减振器（图4-9）等部件及总成的密封状况。

图4-9　检查减振器

3）检查排气管及连接螺栓

① 检查排气管有无漏气的情况。

② 如图4-10所示，检查排气管或连接螺栓有无老化或松动的情况。

2.汽车大修发动机后的首次维护

> **1** 更换发动机机油和机油滤清器　汽车发动机大修后进行首次维护时，更换发动机机油和机油滤清器，与新车首次更换发动机机油和机油滤清器的方法相同，这里不再重复介绍。

图4-10 检查排气管及连接螺栓

2 对发动机各系统、总成及部件进行全面检查、紧固和调整

① 检查气门罩盖密封情况。

② 检查气缸盖螺栓与气缸垫的紧固及密封情况（必要时，应拆开气门罩盖进行检查）。

③ 检查进、排气歧管及总管的连接紧固情况，如图4-11所示。

④ 检查油底壳密封情况，主要查看油底壳密封垫和放油螺塞的密封情况。

⑤ 检查发电机及空调压缩机等旋转部件传动带的松紧情况。如果传动带被压下超过25mm，则应按照维修手册给出的张紧数据进行张紧度调整，如图4-12所示。

进气歧管

图4-11 检查进、排气歧管及总管的连接紧固情况

图4-12　调整传动带的张紧度

⑥ 如图4-13所示，检查各管路的连接及密封情况。

图4-13　检查各管路的连接及密封情况

⑦ 检查各导线的连接及紧固情况，尤其要注意各插接器的连接紧固情况。

⑧ 如图4-14所示，检查发动机各附属装置的工作情况。

图4-14　检查发动机各附属装置的工作情况

⑨ 重点检查发动机有无异响，查看发电机、空调压缩机等旋转部位有无干涉、卡滞、异响等情况，如图4-15所示。

图4-15　检查发电机有无异响

项目十

汽车燃油系统的深度维护

一、进气系统清洗

1.进气系统清洗概述

进气系统清洗就是利用特殊工具将清洗剂充分雾化，能有效清洁进气系统各个部件。该工艺流程安全，不伤害涡轮、氧传感器及三元催化器，定期使用可提升发动机功率。

2.进气系统清洗操作

1 前期准备

① 检查车辆有无故障，若有故障（即发动机启动后故障指示灯未熄灭），则先排除故障后再进行清洗工作。

② 确保发动机已达正常工作温度（80～100℃）后熄火。

2 安装清洗设备并开始清洗

① 拆下进气歧管真空管。

② 如图4-16所示，将螺旋软管出口端插入真空管并固定。

注意：螺旋管清洗液出口应朝向气缸方向。

图4-16　将螺旋软管出口端插入真空管并固定

③ 将发动机转速控制在2000～2500r/min范围内。

注意：应保持发动机转速处于稳定状态，若发动机转速忽高忽低，则容易导致进气歧管内累积残液，从而损坏机件。

④ 如图4-17所示，将铜接头接在清洗剂出口。

⑤ 使清洗剂出口朝下，将针阀插入，确认清洗剂流入进气道。

⑥ 如图4-18所示，将挂钩夹固定在罐身上并挂在发动机舱盖下方，开始清洗。清洗时间为20min。

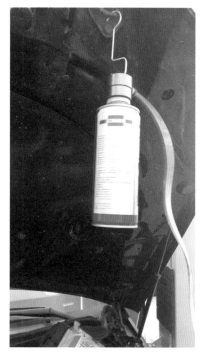

图4-17 将铜接头接在清洗剂出口　　图4-18 清洗剂挂钩夹挂在发动机舱盖下方

3 完成清洗

① 在清洗剂完全消耗后，移除空罐，恢复发动机原始怠速设定。

② 熄火并还原清洁软管及所有拆下的组件。

③ 启动发动机并检查运转是否正常。

④ 启动发动机，在发动机转速为2500 ～ 4000r/min时，重踩几下加速踏板，等排气残留烟雾消散后恢复发动机怠速（1000r/min左右）。

4 注意事项

① 在通风良好处操作，操作时远离火源，以免发生火灾。

② 清洗时佩戴个人防护设备，如安全眼镜、手套等。

③ 清洗前，先检查车辆有无故障，若有故障，则先排除故障后再进行清洗作业。

④ 自然吸气式发动机和缸内直喷涡轮增压式发动机进气系统清洗液，两者不能混合使用或互相替代使用，否则容易损坏发动机相关部件。

⑤ 清洗时，将发动机转速控制在 2000 ~ 2500r / min，以避免发动机进气系统各部件受损。

二、燃油管路清洗

1. 燃油管路清洗概述

使用特殊工具，利用燃油管路清洗剂内含的特效清洁活性因子，有效清洁直喷式发动机的油路、喷油器、高压油泵等部位，并提供有效保护。

2. 燃油管路清洗操作

1 前期准备

① 检查车辆有无故障，并了解车辆油路及电路。

② 确保发动机已达正常工作温度（80 ~ 100℃）。

③ 断开燃油泵电路（拔下继电器或熔丝，各车型继电器或熔丝位置有所不同，应按具体车型查找），松开燃油箱盖，释放油管压力。

④ 启动发动机，使发动机运转数秒钟后自行熄火。

2 设备连接

① 找到发动机燃油进油管。

② 将清洗设备出口端连接到发动机进油管，如图4-19所示。

③ 确认清洗设备，将油路手阀置于关闭位置（垂直方向）。

④ 逆时针旋转压缩空气调压阀，将其调到最低。

⑤ 打开清洗剂，将清洗剂倒入清洗设备中，并将上方的加液/排气功能阀锁紧。

图4-19 将清洗设备出口端连接到发动机进油管

⑥ 将清洗设备挂在发动机舱盖下方并接上压缩空气。

⑦ 调节管路压力到规范值（燃油系统压力规范值，依照原厂技术手册或维修指南来确定）。

⑧ 开启油路手动阀，检查管路连接处有无泄漏情况。

3 开始清洗 如图4-20所示，启动发动机，使发动机怠速运转，直至发动机自行熄火为止。

注意：为避免喷油器及燃油系统部件受损，清洗时保持发动机处于怠速运转状态。

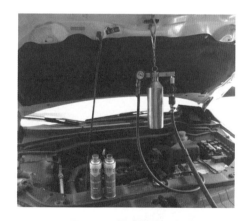

图4-20 燃油管路清洗

4 完成清洗

① 清洗结束后，小心地拆卸清洗设备。

② 装复所有的接头与连接管。

③ 连接燃油泵电路及锁上燃油箱盖。

④ 启动发动机并检查是否有泄漏现象，测试车辆清洗效果。

5 注意事项

① 在通风良好处操作，操作时远离火源，以免发生火灾。

② 清洗时佩戴个人防护设备，如安全眼镜、手套等。

③ 清洗前，先检查车辆有无故障，若有故障，则先排除故障后再进行清洗作业。

④ 使用前详细阅读清洗设备说明书，依据设备供应商所提供的操作说明掌握其正确的连接方式及操作流程。

⑤ 禁止与其他产品同时使用，以免损坏发动机机件。

⑥ 为了避免喷油器及燃油系统部件受损，清洗时务必使发动机处于怠速运转状态。

项目十一

汽车润滑系统的深度维护

一、润滑系统人工清洗维护

将发动机机油清洗剂加入发动机曲轴箱内，启动发动机，运转15min后关闭发动机，更换机油及机油滤清器，即完成发动机润滑系统人工清洗。

1.润滑系统人工清洗维护操作

① 启动发动机，预热至正常工作温度（80 ～ 100℃）后熄火。

② 打开加油盖，将发动机机油清洗剂加入曲轴箱（图4-21），再次启动发动机，运转10 ～ 15min后熄火。

图4-21　将发动机机油清洗剂加入曲轴箱

③ 拆下油底壳放油螺栓及机油滤清器，放掉旧机油，直至放油口没有旧机油流出为止。

④ 将油底壳放油螺栓装回并拧紧，换上新机油滤清器，加注新的发动机机油。

⑤ 启动发动机，运转1min后熄火，检查机油液面高度。

⑥ 启动发动机，举升车辆，查看机油滤清器及油底壳放油螺栓处是否漏油。若不漏油，则完成润滑系统清洗保护操作。

2.润滑系统人工清洗注意事项

① 完成清洗和换油后，应仔细检查机油液面高度，查看机油滤清器及油底壳放油螺栓处是否漏油。如果有漏油，需要重新安装直至不漏油为止，以确保润滑系统工作正常。

② 使用养护产品前须对车辆进行初步检查，如果存在机械故障，则应排除故障后再进行清洗。

③ 润滑系统的清洗应由专业技术人员来完成，应严格按照产品使用操作步骤进行施工。

④ 润滑系统清洗剂易燃，应存储于阴凉干燥处；如遇泄漏，需切断火源，用吸水性强的物质将泄漏物吸收处理；如果不慎入眼，应用清水冲洗10min，并及时就医。

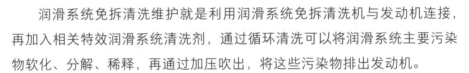

◆ 二、润滑系统免拆清洗维护 ◆

润滑系统免拆清洗维护就是利用润滑系统免拆清洗机与发动机连接，再加入相关特效润滑系统清洗剂，通过循环清洗可以将润滑系统主要污染物软化、分解、稀释，再通过加压吹出，将这些污染物排出发动机。

润滑系统免拆清洗维护操作方法如下。

1 前期准备

① 准备好清洗油（图4-22）及润滑系统免拆清洗机。
② 将清洗油从加油口加入清洗机的油罐中。
③ 将清洗机的空气接头与压缩空气管相连。

2 清洗操作

图4-22 清洗油

① 使汽车处于制动状态。

② 拧下油底壳放油螺栓，排空发动机内部的机油，用合适的接头使清洗机的回油管与油底壳处连接，如图4-23所示。

③ 拆下机油滤清器，选择合适的接头将清洗机的出油管与滤芯座相连。

④ 加注清洗油：发动机润滑系统免拆清洗机的操作面板如图4-24所示。首先将转换

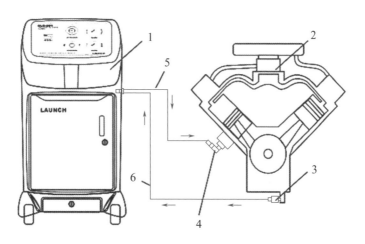

图4-23　清洗机连接

1—清洗机；2—发动机；3—油底壳孔；4—机油滤芯座；5—出油管；6—回油管

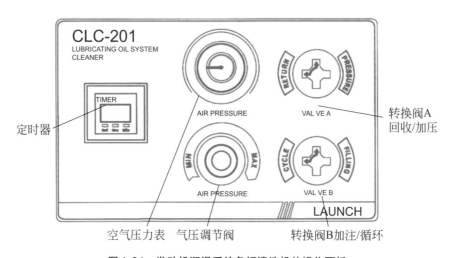

图4-24　发动机润滑系统免拆清洗机的操作面板

阀A旋至加压位置，将转换阀B旋至加注位置，定时器旋至1min位置，定时开关旋至ON位置，气压调节阀旋至MAX位置。开始加油，直到蜂鸣器发出嘀嘀的叫声，将气压调节阀旋至MIN位置，将定时开关旋至OFF位置，注油结束。

⑤ 循环清洗：转换阀A仍在加压位置，将转换阀B旋至循环位置，定时器旋至4min，将定时开关旋至ON位置，气压调节阀旋至MAX位置。开

始循环清洗，直到蜂鸣器发出嘀嘀的叫声，将气压调节阀旋至MIN位置，将定时开关旋至OFF位置，循环清洗结束。

⑥ 浸泡：转换阀A仍在加压位置，转换阀B仍在循环位置，定时器旋至2min，将定时开关旋至ON位置，气压调节阀旋至MIN位置。开始浸泡，直到蜂鸣器发出嘀嘀的叫声，将定时开关旋至OFF位置，浸泡结束。

⑦ 再次进行循环清洗，操作步骤与⑤相同。

⑧ 回抽清洗油：将转换阀A旋至回收位置，转换阀B仍在循环位置，定时器旋至2min，将定时开关旋至ON位置，气压调节阀旋至MAX位置。开始回抽清洗油，直到蜂鸣器发出嘀嘀的叫声，将气压调节阀旋至MIN位置，将定时开关旋至OFF位置，回收清洗油结束。

⑨ 将清洗机与发动机的连接管路拆下。

⑩ 拧紧油底壳螺栓，重新更换新的机油滤清器和机油。

汽车冷却系统的深度维护

◆ 一、冷却系统人工清洗维护 ◆

将发动机冷却系统清洗剂加入发动机散热器内，启动发动机，运转3 ~ 5min后关闭发动机，放出旧的冷却液，加注新的冷却液，发动机冷却系统的清洗工作完成。

1.冷却系统人工清洗维护操作

① 将清洗剂摇匀后，直接加入发动机膨胀水箱或散热器中，如图4-25所示。

图4-25　清洗剂加入散热器中

注意：一般小型轿车需要加注1罐，大型汽车需要加注2罐。

② 启动发动机，运转3 ~ 5min。

③ 关闭发动机，放出旧的冷却液（图4-26），加注新的冷却液，清洗完成。

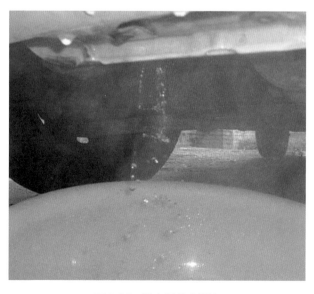

图4-26　放出旧的冷却液

2.冷却系统人工清洗维护注意事项

① 如果不慎触及眼睛，应立即用大量清水冲洗，严禁揉搓眼睛，必要时就医。

② 如果不小心入口，可能会引发呕吐，应尽快就医。

③ 清洗剂应存放于环境温度低于40℃的地方，并远离热源与明火，严重暴晒、撞击、刺破或焚烧清洗剂罐，否则容易发生火灾。

④ 应防止儿童接触清洗剂。

二、冷却系统免拆清洗维护

冷却系统免拆清洗维护的原理就是利用冷却系统免拆清洗机（图4-27）的高压气体驱动气动泵工作，在气动泵的一端形成真空，把散热器中的清洗液吸入气动泵，并经气动泵加压后从气动泵的另一端接口压入发动机机体水套内，使冷却液在具有一定压力的情况下在冷却系统中循环。在整个循环过程中利用脉动液压冲击和清洗液的化学作用，快速地把水道中的水垢清洗干净。

1 前期准备

① 将清洗液倒入清洗机的水箱中，将水箱的水加满。

② 将清洗机的AIR（空气）接头与压缩空气管相连。

③ 将水压调节阀顺时针转到OFF位置，打开汽车暖风机开关。

2 清洗操作

① 将气压调压阀（AIR PRESSURE）的旋钮拉起，并顺时针转至压力表（AIR）指针指示为140kPa，按下旋钮使清洗机开始对发动机冷却系统进行循环清洗。在定时器上设置清洗时间为5min左右。冷却系统免拆清洗机的操作面板如图4-28所示。

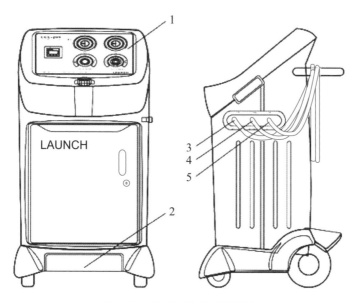

图4-27 冷却系统免拆清洗机

1—操作面板；2—抽屉；3—出水管；4—回水管；5—进气口

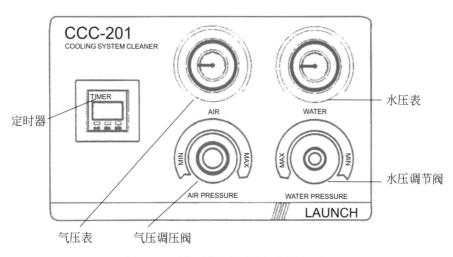

图4-28 冷却系统免拆清洗机的操作面板

② 当循环清洗进行5min后便可进行冲击清洗。将水压调节阀（WATER）旋钮逆时针旋转至水压表（WATER）指示到140kPa为止，不要超过140kPa。如果清洗的是比较旧的车辆时，冲洗压力应适当减小，冲洗时间可在定时器上设置为5min。

③ 将水压调节阀（WATER）旋钮顺时针旋转到MIN位置，再循环清洗5min，然后打开散热器排放塞，放掉所有冷却液并重新添加新的冷却液。

项目十三

汽车空调系统的深度维护

一、蒸发箱泡沫清洗

蒸发箱泡沫清洗就是利用制冷系统专用养护产品，按产品施工工艺流程清除蒸发箱上的水垢、灰尘、污物等杂质，防止蒸发箱箱体被腐蚀、堵塞和泄漏，以保证制冷系统良好的工作性能。

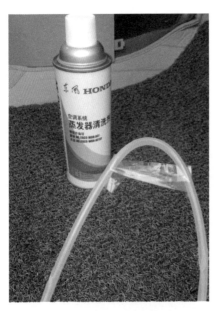

图4-29　准备清洗套装

1.清洗准备

① 如图4-29所示，准备好清洗套装，即蒸发器清洗剂及所附专用管路接头（或清洗枪）。

② 清洗之前，先检查空调系统工作是否正常，仪表盘是否显示正常。

2.清洗过程

① 将空调滤清器密封盖拉出，然后将空调滤清器取出（不同车型，位

置有所不同）。

注意：放置空调滤清器的地方有一个通风口通向蒸发箱，可将手伸进去找到该通风口。

② 将蒸发器清洗剂所附专用管路接头（或清洗枪）从通风口处伸入蒸发箱，直到能够清晰地看到蒸发箱。

③ 如图4-30所示，将清洗剂喷洒到蒸发箱上形成一层泡沫，用清洗剂对蒸发箱进行泡沫冲洗。

图4-30　清洗蒸发箱

④ 用压缩空气吹干蒸发箱上清洗剂泡沫分解污垢后的杂质及水分，完成蒸发箱的清洗作业。

注意：整个施工过程用时20～30min，根据不同车型清洗时间有所不同。

二、空调除菌除味

空调除菌除味就是利用制冷系统除菌除味剂等专用维护套装，按产品施工工艺流程去除车内及空调风管中的细菌及异味，以保证车内空气的温度、湿度和鲜度处于良好及舒适状态。

1.除菌除味准备

① 准备好除菌除味套装，即除菌除味剂（图4-31）及所附专用管路接头（或清洗枪）。

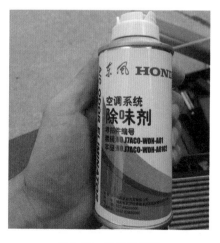

图4-31　除菌除味剂

② 除菌除味之前先检查空调系统工作是否正常，仪表盘是否显示正常。

2.除菌除味操作

① 使用蒸发器清洗剂清洗蒸发箱，清除细菌和霉菌生长的"土壤"。

② 如图4-32所示，将除菌除味剂喷到蒸发箱上，抑制细菌的生长和繁殖，让前期清洗效果保持更久。

图4-32　将除菌除味剂喷到蒸发箱上

③ 开启暖风除雾，且处于最大风量，先对空调通风循环处进行烘干（出风口无雾气吹出为止），以提高除菌除味的效果。

3.注意事项

① 在进行除菌除味的操作过程中，一定要先拆卸车内的空调滤清器。如果未拆下空调滤清器，除菌除味剂会吸附于空调滤清器中，不仅达不到除菌除味的目的，还会导致开启汽车空调时有一股浓烈的薄荷味（薄荷味对人体无害）。

② 除菌除味操作结束后，不要立刻装上空调滤清器，车辆应继续处于怠速状态、空调开至外循环最大风量，打开车窗，等待5min左右，

将浓烈的薄荷香味散去后再安装空调滤清器，使车室内保持空气清新。

③ 在进行除菌除味操作前，应用力摇匀除菌除味剂，以免影响液体雾化效果。

汽车制动系统的深度维护

一、制动系统的清洁

制动系统的清洁就是利用高效制动清洗剂等维护产品，按产品施工工艺流程清除制动系统制动摩擦片、制动盘等部位的锈迹和各种硬质残留物，以保证制动系统良好的工作性能。

1.制动系统的清洁操作

① 拧松所有轮胎螺母，然后将车辆举升到合适高度，按一定顺序拆卸所有车轮。

② 如图4-33所示，按照一定顺序拆卸所有制动轮缸。

③ 观察制动盘及轮毂周边有无锈迹。

④ 使用细砂纸打磨制动系统各处可见的锈迹，包括轮毂表面及周边、制动盘周边、制动钳内侧、制动轮缸内侧等处。

⑤ 使用制动清洗剂清洗行车制动器的重要部位。

图4-33 拆卸所有制动轮缸

⑥ 使用细砂纸打磨制动清洗剂清洗不掉的硬质残留物（如制动卡钳内侧、制动轮缸内侧等）。

⑦ 使用制动清洗剂清洗掉粉尘，以提高清洗效果。

2.注意事项

① 切勿直接将制动清洗剂喷在高温处，如发动机、排气管等处，以免发生火灾。

② 在通风良好处使用制动清洗剂，避免接触到眼睛，使用后应及时洗手，避免长时间接触皮肤。

二、制动轮缸、卡销及制动片润滑

制动轮缸、卡销及制动片润滑就是将制动系统深度保护润滑剂、硅系润滑剂等专用维护产品，按产品施工工艺流程均匀涂抹在制动轮缸、卡销、制动片、制动活塞及其防尘套表面，形成保护膜，防止这些部件生锈，以保证制动系统良好的工作性能。

1. 制动片、卡销及制动轮缸润滑操作（图4-34）

① 首先全面清洁制动系统。

② 将润滑剂均匀涂抹在制动片背面和制动轮缸定位螺栓上。

③ 将润滑剂均匀涂抹在制动卡钳内侧和轮毂正面及周边。

注意：严禁把润滑剂涂抹在制动片与制动盘接触的表面，否则会引起制动打滑，影响行车安全。

④ 踩下制动踏板，露出制动轮缸活塞。

⑤ 翻开活塞防尘套，清洁污垢，将润滑剂均匀涂抹在活塞及防尘套表面。

⑥ 将各个制动部件安装复位。

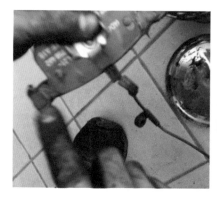
（a）制动片润滑操作

（b）卡销润滑操作

（c）制动轮缸润滑操作

图4-34 制动片、卡销及制动轮缸润滑操作

2.注意事项

① 安装时，禁止润滑剂接触到制动盘及制动片的接触面。

② 操作完成后一定要测试制动系统是否工作正常。

三、制动液的检测

1.制动液检测仪

制动液检测仪是一款通过检测制动液中的含水量，来判断制动液是否需要更换的手持汽车检测设备，可以用来检测制动液DOT3、DOT4、DOT5.1。以DY23制动液检测仪为例，它的结构如图4-35所示。

2.检测制动液的方法

① 按下开机键（POWER），所有指示灯闪亮一次，蜂鸣响2s，制动液检测仪自检完成。

② 按选择键（SELECT），选择检测车辆所用的制动液类型（其中为DOT3、DOT4或DOT5.1中的一种），且有状态指示灯指示。

③ 如图4-36所示，将检测探头擦拭干净后放进制动液储液罐中，可显示检测结果。

a.绿灯亮表示制动液含水量小于1%，制动液为合格状态。

b.第一个黄灯亮表示制动液含水量大约1.5%，制动液需要更换。

c.第二个黄灯亮表示制动液含水量大约2.5%，制动液需要更换。

d.第一个红灯亮表示制动液含水量大约3%，此时的制动液不能再使用。

e.第二个红灯亮表示制动液含水量大约4%，此时的制动液不能再使用。

④ 检测完成后按下关机键（POWER），然后将检测探头擦拭干净，最后将制动液检测仪置于工具箱中存放。

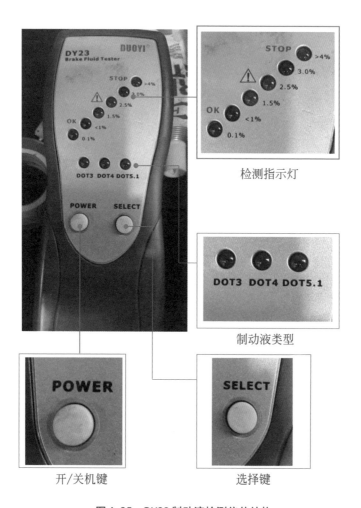

检测指示灯

制动液类型

开/关机键　　　　　　　选择键

图4-35　DY23制动液检测仪的结构

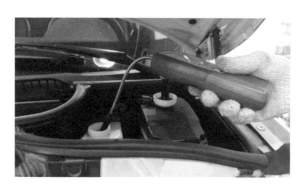

图4-36　检测制动液

四、制动管路清洗

制动管路清洗就是按制动液更换机操作流程清洗制动管路，以保证车良好的制动性能。制动液更换机主要利用高压气体驱动气动泵工作，在气动泵中产生真空，把制动系统中的制动液抽吸至机器的油罐，同时在汽车的制动液储液罐上用压缩空气给制动液加压，这样可提高制动管路的清洗及制动液的更换速度。

1.前期准备

① 准备好制动液及制动液更换机（图4-37）。

② 将制动液从加液口加入制动液更换机的储液罐中。

③ 将制动液更换机的空气接头与压缩空气管相连。

2.清洗操作

① 将发动机熄火，拉紧驻车制动器。拆下原来制动液壶盖，换上制动液更换机的专用盖子代替原制动液壶盖。

② 将车辆升起，然后将4个制动液放油口螺栓拧开，并分别接上橡胶软管及回收壶，如图4-38所示。

③ 向制动液更换机内加注制动液，然后打开制动液更换机开关电源，进行换液清洗工作。

④ 观察橡胶软管中制动液的颜色，当颜色由深灰色或黑色变为半透明的黄色时，制动管路的清洗完成。

图4-37　制动液更换机

图4-38 制动管路的清洗

项目十五

■ 汽车液压助力转向系统的深度维护 ■

◆ **一、液压助力转向系统的清洗知识** ◆

　　液压助力转向系统的清洗就是利用高效动力转向系统清洗剂等维护产品，按产品施工工艺快速安全地清除系统中有害的油泥、漆膜等沉积物，保持系统清洁，减少油泥等污垢的形成。一般建议每行驶40000～60000km或根据维修技术人员提示及车主需求而定。

二、液压助力转向系统的清洗操作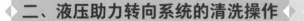

1.清洗系统

① 打开转向储液罐的盖子，用透明塑料管子抽出一部分转向助力油，留出加注清洗剂的空间。

② 将高效动力转向系统清洗剂加注到储液罐内，盖好盖子。

③ 启动发动机，左右转动转向盘，让清洗剂流到各部位，将转向盘停留在左侧或右侧接近极限位置并迅速松手，让转向盘自动回正，重复10次左右，清洗时间为15 ～ 30min。

2.放掉旧油

① 关闭发动机，准备好透明的塑料管和油盆。

② 拆开转向储液罐的回流管，将其与透明的塑料管接在一起，塑料管的开放端放入油盆内，放掉旧油。

注意：塑料管内径应略大于转向储液罐的回流管外径，长约1.5m。

3.加注新油

① 启动发动机，并不断地向转向储液罐倒入新的转向助力油（图4-39），同时观察透明的塑料管流出的转向助力油的色泽，直至转向助力油的颜色与新的转向助力油的颜色相同时立刻关闭发动机。

图4-39　加注新的转向助力油

注意：不能等到储液罐内无转向助力油时再倒入新的转向助力油，以防混入空气。

② 迅速接好转向储液罐的回流管，再将转向助力油加注到规定范围。

③ 启动发动机，查看液压助力转向系统是否有渗漏现象。

4.注意事项

① 禁止清洗剂与眼睛和皮肤接触，禁止吞咽，远离儿童保存。

② 远离火源、热源，密封保存，以免发生火灾。

③ 在清洗和排气过程中，禁止将转向盘向左或向右侧转到极限位置，否则极易导致转向系统密封失效而引起转向助力油泄漏。

④ 若条件允许，最好利用专用设备进行清洗和换油操作。

项目十六

自动变速器的深度维护

一、自动变速器的维护知识

自动变速器的深度维护就是利用自动变速器免拆清洗机安全有效地清除自动变速器内的油泥、粉尘等杂质，达到减磨抗磨、彻底换油的目的，从而改善ATF的性能，延长自动变速器的使用寿命。

自动变速器免拆卸清洗原理就是利用自动变速器免拆清洗机与自动变速器连接（图4-40），通过循环清洗可以将自动变速器油泥及污垢清洗干净并排出自动变速器。

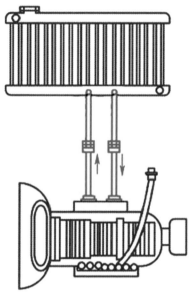

（a）原车自动变速器管路

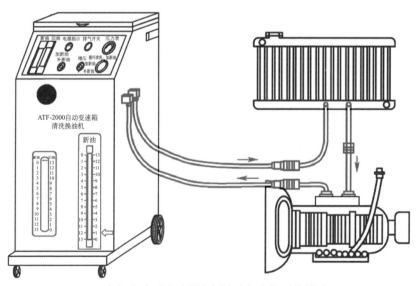

（b）与自动变速器免拆清洗机连接后的管路

图4-40　自动变速器免拆卸清洗的原理

二、自动变速器的免拆清洗

① 找出自动变速器的连接管路，然后将自动变速器免拆清洗机上"出油"的一根油管与自动变速器油管的进油管相连，将"回油"的一根油管与自动变速器油管的出油管连接。

② 向自动变速器免拆清洗机加入一定量的新自动变速器油。

③ 将自动变速器免拆清洗机的电源线与蓄电池连接，然后打开电源开关，启动自动变速器免拆清洗机，最后根据显示屏界面的提示进行设置。此外，适当打开回油阀，顺时针缓慢打开气压调节阀使气压至69～100kPa，并启动发动机。通过调节回油阀及气压调节阀，使新油的加注量与旧油回收量保持平衡。

④ 更换时在不同挡位进行切换，视情况而定，每个挡位停留1min左右。观察新油的减少量与旧油的增加量，同时调节气压阀和回油阀使减少量与增加量相等，如图4-41所示。

图4-41 进行自动变速器油免拆更换

注意：若旧油增加量大于新油减少量，应顺时针调节回油阀来减慢回油流速。若旧油增加量小于新油减少量，应逆时针调节气压阀，减少新油加注量。

⑤ 如图4-42所示，当新、旧油视窗颜色基本相同时说明自动变速器已经清洗干净，应停止清洗操作。

图4-42　新、旧油视窗颜色基本相同

⑥ 先将发动机熄火，再逆时针关闭气压调节阀。

⑦ 拆除管路连接，并恢复自动变速器的油管连接。

⑧ 启动发动机，检查自动变速器管路是否有渗漏油现象。

⑨ 检查自动变速器油位，若油位不够时须进行补充加注。

发动机排气系统的深度维护

一、排气管的维护

　　将排气管安装于发动机排气歧管和消音器之间，使整个排气系统呈挠性连接，从而起到减振降噪、方便安装和延长排气消音系统寿命的作用。如图4-43所示，排气管一般由前段、中段及后段组成，其中后段与消音器连接在一起。

图4-43　排气管

二、三元催化器的维护

1.三元催化器的外观检查

① 观察三元催化器表面是否有凹陷，如果有明显的凹痕和刮擦，则说明三元催化器的载体可能受到损伤。

② 观察三元催化器外壳上是否有严重的褪色斑点或略有呈青色或紫色的痕迹，在三元催化器防护罩的中央是否有非常明显的暗灰斑点，如有则说明三元催化器曾处于过热工作状态，需要进一步检查。

2.三元催化器前后温度检查

三元催化器在正常工作状态下，由于氧化反应产生了大量的反应热，因此可通过温差对比来判断三元催化器性能的好坏。启动发动机，预热至正常工作温度，将发动机转速维持在2500r/min左右，将车辆举升，用数字式温度计测量三元催化器进口和出口的温度，需尽量靠近三元催化器50mm内。三元催化器出口的温度应至少高于进口温度10% ~ 15%。

3.三元催化器的清洗

① 从排气系统上拆下三元催化器，如图4-44所示。
② 使用压缩风枪吹干净三元催化器上的脏污。

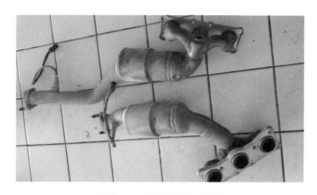

图 4-44　拆下三元催化器

③ 设法堵住三元催化器接口。

④ 向三元催化器内反复倒入草酸（图 4-45）溶液，让其浸泡到干净为止。

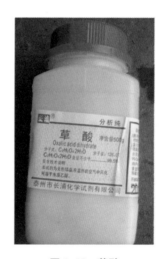

图 4-45　草酸

⑤ 使用自来水冲洗三元催化器内部并用压缩空气吹干。

⑥ 装复三元催化器，然后启动发动机，刚开始伴有水汽为正常现象。

4. 三元催化器的免拆清洗

1 前期准备

① 准备好三元催化器保养剂（图 4-46）及发动机免拆清洗机。

② 如图4-47所示，将三元催化器保养剂从加液口加入发动机免拆清洗机中。

③ 将发动机免拆清洗机的空气接头与压缩空气管相连，如图4-48所示。

2 清洗操作

① 首先对燃油系统进行泄压操作，然后将燃油进油管从喷油器分配管接口上拆下，如图4-49所示。

② 选择合适的连接接头，然后将连接接头的一端插入喷油器分配管接口（图4-50），最后用卡箍将连接接头固定在喷油器分配管接口上。

图4-46　三元催化器保养剂

图4-47　加入三元催化器保养剂

图4-48　连接压缩空气管

图4-49　拆卸燃油进油管

图4-50　安装连接接头

③ 如图4-51所示，将连接接头的另一端与发动机免拆清洗机的出液管连接好。

图4-51　连接出液管

④ 如图4-52所示，首先确保发动机免拆清洗机出液管的阀门是关闭的，然后用一根软管将从燃油泵来的进油管连接好。

⑤ 打开燃油箱盖，然后将软管的另一端插入燃油箱加注口内（图 4-53），目的是启动发动机时，燃油泵的燃油能够回流至燃油箱内。

⑥ 如图 4-54 所示，打开发动机免拆清洗机出液管的阀门。

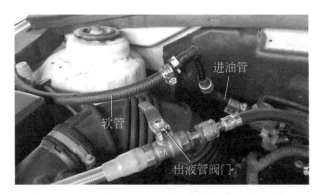

图 4-52　连接好回油软管

图 4-53　放置回油软管

图 4-54　打开出液管的阀门

⑦ 如图4-55所示，打开发动机免拆清洗机的旋钮，然后检查发动机免拆清洗机的空气压力，如果压力正常则不需要进行调整，如果压力不正常则通过调压阀"+"（增大）或"－"（减小）旋钮来调整空气压力。最后启动发动机，将转速保持在1500r/min左右，并可急加速几次，清洗完喷油器后发动机自动熄火。

⑧ 清洗完毕后断开气源，然后关闭出液管阀门，最后卸掉发动机免拆清洗机出液管，如图4-56所示。

⑨ 从进油管上拆卸回油软管，重新装回燃油进油管（图4-57），安装时确保油管卡子安装到位。

图4-55　打开发动机免拆清洗机的旋钮

图4-56　卸掉发动机免拆清洗机出液管

图4-57　重新装回燃油进油管

三、蒸发排放控制系统的维护

　　蒸发排放主要是燃油方面的蒸发排放，其余则是内饰材料和涂料等方面的排放。燃油蒸发排放不仅会在燃油箱内产生，而且在喷油器处也会产生。例如，每当发动机随机熄火时，喷油器内没有来得及燃烧的油及整个熄火期间泄漏出来的油最终都会以燃油蒸气的形式排入大气中，造成环境污染。

　　燃油蒸发排放（EVAP）控制系统主要由EGR阀、PCV阀、蒸气止回阀、EVAP活性炭罐、清污电磁阀、EVAP管等元部件组成，如图4-58所示。它的作用在于尽量减少排入大气的燃油蒸气。燃油箱蒸气被临时存储在EVAP活性炭罐内，直到从EVAP活性炭罐净化后输送至发动机进行燃烧。

　　如图4-59所示，燃油蒸发排放（EVAP）控制系统工作时主要经过两个阶段，主要内容如下。

　　① 吸入的新鲜空气经过EVAP活性炭罐进入进气歧管的进气孔，由此完成活性炭罐的净化。净化真空由EVAP活性炭罐清污电磁阀控制，当发动机冷却液温度高于60℃时，清污电磁阀开启。

　　② 当燃油箱中的燃油蒸气压力高于EVAP双通阀的设定值时，双通阀打开，对通至EVAP活性炭罐的燃油蒸气流量进行调节。

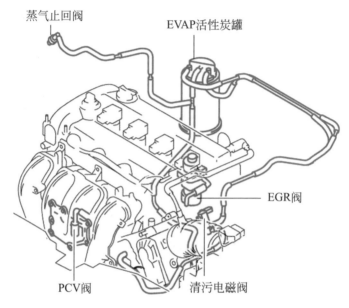

图 4-58　燃油蒸发排放控制系统

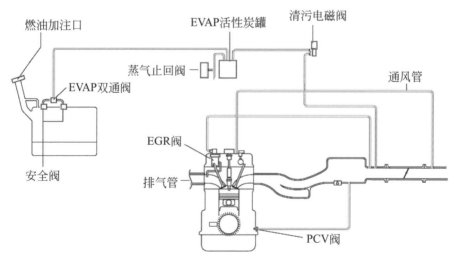

图 4-59　燃油蒸发排放（EVAP）控制系统工作过程

1.活性炭罐检查

活性炭罐内部充满活性炭颗粒，底部设置有空气滤芯，汽车在行驶一定里程后它会出现堵塞的情况。尤其是在灰尘较大地区行驶的车辆，出现活性炭罐堵塞的概率更大。活性炭罐堵塞会导致清洗气流无法形成，从根本上破坏了燃油蒸发排放控制系统的运行，进而导致空燃比过稀，发动机无法正常运行。此外还会造成油箱的压力平衡被破坏，燃油量的减少，油箱内会形成过高的真空度，甚至吸瘪油箱，最终导致发动机无法运行。因此，汽车在行驶中出现加不上油，进而慢慢熄火，熄火后启动困难等现象时，要先检查活性炭罐是否堵塞。

如图4-60所示，检查活性炭罐时可以将其拆下，分别堵住活性炭罐的大气侧端口和清污电磁阀侧端口，然后从燃油箱侧端口向活性炭罐吹入压缩空气，如果没有漏气，则活性炭罐正常；如果有漏气，则更换活性炭罐。

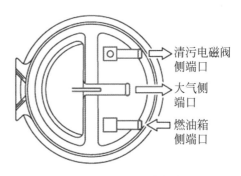

图4-60 检查活性炭罐

2. EGR阀检查

EGR阀（图4-61）的故障原因有结构原因、异物使阀芯被卡不受电磁力所控制、电磁线圈回路出现断路或短路3种情况，不管遇到哪种情况都从根本上破坏了燃油蒸发排放控制系统的运行。当阀芯被卡于关闭位置时，将导致部分工况空燃比过稀；当阀芯被卡于开启位置时，将导致部分工况空燃比过浓。由空燃比

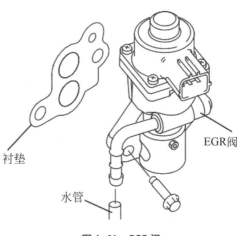

图4-61 EGR阀

不正确引起的相关故障，例如启动困难、怠速不稳、行驶中易熄火及熄火后不易启动等都有可能与EGR阀的损坏有关。

3.燃油蒸气泄漏检查

当连接管路和活性炭罐因碰擦、老化而破损或破裂造成燃油蒸气泄漏时，将导致空燃比过稀，导致发动机无法正常运行。行驶中出现加速耸车现象以及当打开发动机盖或在车内闻到较浓的燃油气味时，通常首先要检查燃油蒸发排放系统的管路和活性炭罐是否泄漏。

发动机积炭的深度维护

一、发动机积炭的检查

1.发动机积炭的检查概述

内窥镜检查发动机积炭主要是从喷油器孔或火花塞孔处插入内窥镜视频管，视频管可任意调整，通过液晶显示器可以观察到发动机或进气门后方是否附有积炭。内窥镜如图4-62所示。

2.发动机积炭的检查方法

① 拆卸发动机火花塞。

② 如图4-63所示，从火花塞孔处插入内窥镜视频管，然后通过液晶显示器可以观察进气门及发动机内部的积炭情况。

图4-62　内窥镜

图4-63　发动机积炭的检查

二、人工清洗发动机积炭

① 拆下与进气歧管相关的附件，然后取下进气歧管，如图4-64所示。

图4-64　取下进气歧管

② 用一字螺钉旋具将进气歧管内的积炭刮一遍，然后拆下进气隔板。

③ 使用化油器清洗剂将进气歧管内的积炭彻底清洗干净，如图4-65所示。

图4-65　使用化油器清洗剂清洗进气歧管

④ 用一字螺钉旋具将气门座内的积炭刮一遍，然后用化油器清洗剂将气门座内的积炭清洗干净，如图4-66所示。

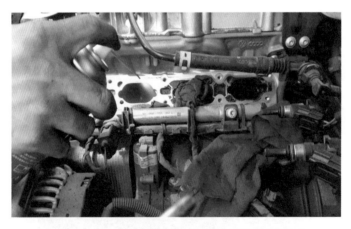

图4-66　用化油器清洗剂将气门座内的积炭清洗干净

⑤ 用干净的棉抹布将气门座擦拭干净。

⑥ 将进气隔板上的积炭刮洗干净，然后将进气隔板重新安装在进气歧管内，如图4-67所示。

⑦ 按照与拆卸相反的顺序安装好进气歧管，然后启动发动机，确保发动机工作正常。

图4-67 安装好进气隔板

三、免拆清洗发动机积炭

1.前期准备

① 如图4-68所示，拧开设备上的"清洗液加入口"，将清洗剂注入后将盖拧紧。

图4-68 加入燃烧室积炭清洗剂

② 连接设备气源，如图4-69所示。

图4-69　连接设备气源

2.清洗操作

① 拉起调压阀将压力调至250kPa，将转换阀指向"发泡"，如图4-70所示。

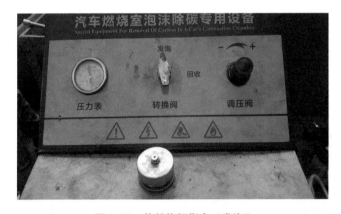

图4-70　将转换阀指向"发泡"

② 将发泡管喷枪从火花塞口插入燃烧室。

③ 按下喷枪阀门，将泡沫注入燃烧室（图4-71），直到泡沫溢出，以同样方式对每个燃烧室进行操作。

④ 当泡沫喷入燃烧室后，等待2～3min，待泡沫慢慢恢复液体状态。

⑤ 将设备转换阀指向"回收"，如图4-72所示。

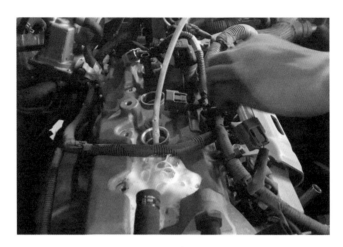

图4-71 注入泡沫

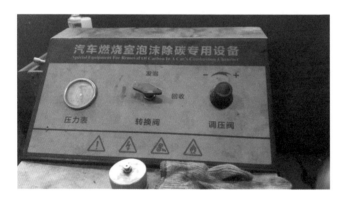

图4-72 将转换阀指向"回收"

⑥ 将回收管从火花塞口插入燃烧室底部。

⑦ 打开回收管的阀门，将燃烧室内的液体回收到旧液瓶里，以同样方式对每个燃烧室进行操作。

注意：务必将积炭全部抽出。

⑧ 取出气枪接上气源，左手拿抹布，右手握气枪对燃烧室进行吹气，清除未吸干液体及杂质。

⑨ 将火花塞安装好，然后启动发动机，保持发动机转速在1200r/min，控制时间为2 ～ 5min，即可完成进气门及燃烧室内积炭的清洗。

注意：建议清洗完积炭后更换发动机机油，避免旧液流入发动机内。

发动机舱的维护

一、发动机舱的清洁

1.前期准备

打开发动机舱盖后，会看到发动机舱内装有许多电气元件，如发电机、起动机和点火线圈等。对于一些防潮性能较差的电气元件，应先用塑料薄膜进行遮盖，因为有些电气元件一旦进水后，会影响发动机的正常启动。对于一些高级轿车，发动机舱内电气元件的防水性能极好，可以不需要用塑料薄膜遮盖。

2.清洁操作

1 高压冲洗　当发动机冷却后，首先用高压水枪从上往下，用散射水柱进行冲洗，去除较重的泥沙和油污。高压水枪千万不要对着火花塞、发电机、起动机和点火线圈等部位进行冲洗。

2 泡沫清洗　高压水枪清洗不能去除全部的污垢，应该再进行泡沫清洗，强力的泡沫清洗剂能均匀地将污垢吸附到泡沫中，起到很好的去污作用。2 ~ 3 min 后用自来水或高压洗车机冲去泡沫。

3 局部清洗　油污的附着力很强，有时泡沫清洗剂也难以除去，最有效的方法是使用发动机外部清洗剂，喷涂2 ~ 3min后，再用毛刷擦拭（图4-73），对于严重的部位还可以反复进行喷涂和擦拭。

图4-73 刷洗发动机舱

4 空气滤清器的清洁 空气滤清器上的尘垢太多时，会造成堵塞，使进气量下降，严重影响发动机的正常工作。空气滤清器的纸质滤芯安装在空滤器内，打开上盖后取出纸质滤芯，将上面反转，向下拍去灰尘，再用压缩空气反方向吹出灰尘便可复装。

5 锈蚀的清除 发动机舱内机件受到锈蚀后，材质便从外到内逐渐疏松和剥离，如不及时清除会影响机件的寿命。去除锈蚀最好的方法是喷涂除锈剂，喷后用毛刷刷洗，彻底除锈后，要充分冲洗干净，吹干后再喷涂一层防锈漆，使机件获得很好的防锈保护层。

6 发动机舱盖流水槽的清洁 发动机舱盖流水槽一般可用自来水冲洗和泡沫清洗，再用软毛刷擦拭，最后喷上一层橡胶保护剂，以防止其老化而延长使用寿命。

◆ 二、发动机舱的线路维护 ◆

1.前期准备

① 准备好发动机外部清洗剂（图4-74）。发动机外部清洗剂具有极强的去油功能，能快速乳化分解去除油污，对发动机机体没有腐蚀作用，且水溶性好，可以完全溶解油污，易用水冲洗，不留残留物。

② 准备好发动机线路保护剂（图4-75）。发动机线路保护剂可以防止线路老化，避免线路引起的汽车短路自燃。它能有效修复线路上的细微裂缝，防止漏电，保障汽车电路工作效率。

图4-74　发动机外部清洗剂

图4-75　发动机线路保护剂

2.操作方法

① 首先用压缩风枪将发动机舱内的脏污及灰尘吹干净，然后在发动机表面均匀地喷上一层发动机外部清洗剂，如图4-76所示。

图4-76　在发动机表面喷上发动机外部清洗剂

② 等待3 ~ 5min后使用压缩风枪将发动机舱的发动机外部清洗剂泡沫及脏污吹干净，如图4-77所示。

图4-77 吹干净发动机舱

③ 如图4-78所示，将发动机线路保护剂均匀地喷在发动机及线路的表面，当发动机线路保护剂干燥后，发动机舱恢复原来的光泽。

图4-78 在发动机及线路表面喷上发动机线路保护剂

参考文献

［1］ 陈文华. 汽车发动机构造与维修［M］. 北京：人民交通出版社，2001.

［2］ 曹晓华，等. 汽车运用基础［M］. 北京：高等教育出版社，2004.

［3］ 吴文琳，等. 汽车电工1000个怎么办［M］. 北京：中国电力出版社，2010.

［4］ 胡光辉. 汽车电器设备构造与检修［M］. 北京：机械工业出版社，2010.

［5］ 于秀涛. 汽车快修保养［M］. 郑州：黄河水利出版社，2011.

［6］ 班孝东. 汽车快修窍门点点通［M］. 北京：国防工业出版社，2011.

［7］ 刘东亚. 汽车维护［M］. 北京：机械工业出版社，2013.

［8］ 周志红，等. 汽车维护与保养［M］. 长春：吉林大学出版社，2016.